"El Arte de las Relaciones Exitosas es una lectura sencilla e inteligente que ayuda a los lectores a comprender la conducta de una persona opresiva en las relaciones humanas, además de brindar a los lectores estrategias útiles y afirmaciones para fortalecernos internamente de tal manera que podamos crear las relaciones que siempre hemos deseado. Recomiendo este libro a toda persona que desee tener relaciones exitosas."

—Dr. Ann Davis
Alliant International University

"Este libro es indispensable para aquellos que se encuentran en relaciones difíciles y conflictivas, así como para aquellos que se desenvuelven en el área de ayudar a las personas."

—Dr. Kenneth Harper

"Este libro ofrece una buena y practica guía abordando un tema serio."

—Lic. Steve R. Brown

El Arte de las Relaciones Exitosas

El Príncipe
o
El Depredador

Georgina Ramirez, M.A.

PRIMERA EDICION

Copyright © 2012 Georgina Ramirez

Todos los Derechos Reservados

Manufacturado en E.U.A.

ISBN 978-0-578-08248-6

Dedicación

A mis hijos, Christopher y Gina Stephanie,

*Ustedes son los regalos más grandes en mi vida,
Su amorosa presencia inspiró y abrió las puertas a grandes dimensiones en mi vida.*

En memoria de mi madre María Hanako,

*Una mujer de gran fortaleza interior, integridad y fe absoluta,
Un modelo de real inspiración por el cual fui bendecida.*

Contenido

Reconocimientos	ix
Introducción	xi
Nota para los Lectores	xv

I: Entendiendo la Naturaleza Humana
La Biología de la Naturaleza	3
El Depredador – El Opresor	9
La Presa	16
La Rana y el Escorpión	28

II: ¿El Campo de Batalla o El Jardín de Juegos?
Identifica donde te encuentras	33
El Juego de la Vida	35
Identificando las Trampas	38
Conoce a tu Oponente	46
Conoce tus Debilidades	53
Sitúate en una Posición de Poder	57
Nunca Subestimes a tu Oponente	65

III: Despertando tu Fuerza Interior
Más Allá del Condicionamiento Social	69
Definiendo el Propósito en tu Vida	72
Haz un Plan que Funcione Para Ti	76
Enfócate—Mantén el Enfoque en tu Meta	80
La Importancia de Cuidar de Ti	82

IV: Manifestando tu Verdadero Poder
El Poder de Transformación del Amor	89

Fuentes de Información	101

Reconocimientos

Gracias a Ruth, Keneth y María del Carmen por su apoyo al escribir este libro. A Juliana por su esfuerzo y dedicación en ayudarme a traducirlo al español.

Mi apreciación infinita al Reverendo Mark Trotter por su bondad, paciencia e inteligentes argumentos. Contribuyó a hacer de éste un mejor libro.

Mi gratitud para siempre a aquellos que han forjado el camino de conocimiento desde el principio de los tiempos.

INTRODUCCION

¿Porque resultamos lastimados, y a veces traicionados por aquellos en los que confiamos y amamos más? ¿Por qué después de miles de años de hacer oración, meditación y lograr avances científicos y tecnológicos en nuestra cultura civilizada, el ser humano continúa tomando ventaja y abusando de los demás?

Como muchas otras personas, me preocupa este tipo de preguntas. Sin embargo, el propósito de este libro no es buscar la respuesta científica sobre el origen de este comportamiento destructivo. Existen muchas brechas en nuestro conocimiento y en la historia de la humanidad para determinar las raíces de esta conducta. Ya que la historia de nuestros antepasados todavía se encuentra en fragmentos, y aún hay secretos de la mente por descubrir, como escritora, no trataré de discutir o establecer su origen, sino de fortalecer a individuos para enfrentar y triunfar ante relaciones difíciles.

En este libro, el término "depredador" es usado como una metáfora para representar el comportamiento abusivo. Un "depredador" es un individuo que seduce a su víctima para después abusar de su bondad. Sólo busca complacerse a tal grado que ignora totalmente las necesidades de los demás. Deja a su víctima confundida y exhausta mientras él se fortalece y satisface a sí mismo. El deseo del opresor es lograr un completo y absoluto control sobre su presa y lo que le rodea. El poder dominante y control que ejerce sobre los demás usualmente se justifica erróneamente como apropiado y necesario.

Este abuso emocional y sicológico frecuentemente es negado, pasado por alto y percibido como insignificante. Pero la realidad es que es extremadamente dañino para la mente humana. Mi propósito es crear conciencia de cómo se manifiesta este comportamiento manipulativo y de los daños que causa, así como también ofrecer estrategias prácticas y efectivas para ayudar a aquellos que puedan ser o hayan sido victimizados por el opresor, ya sea en sus experiencias personales, vida laboral o profesional. Es mi deseo ayudar a identificar y reconocer sus tácticas seductivas, además de proporcionar las herramientas para aprender a relacionarse con el opresor de manera exitosa. De igual importancia, es el identificar las características comunes de la víctima –las creencias y particularidades que la hace convertirse en presa fácil para el opresor, y como cambiar estas condiciones negativas para autofortalecerse.

En los negocios y mi experiencia profesional como sicoterapeuta, he encontrado que el poder del opresor es a menudo idealizado y mal entendido por la víctima e incluso, el mismo opresor. Encontrará en esta lectura que el opresor tiene una falsa identidad y creencias erróneas; una vez que la víctima haya entendido esto, descubrirá una fuerza poderosa dentro de sí que abrirá las puertas para derrotar extraordinariamente a su opresor.

Finalmente en los capítulos 3 y 4 presento la solución para evitar ser seducido y manipulado mediante la práctica de la espiritualidad y moralidad. Cuando uno desarrolla estas cualidades, ya no podrá ser influenciado por la constante seducción del opresor, ya sea que esta seducción sea manifestada por un individuo, grupo o cultura. Estas cualidades evitaran que seamos víctimas de aquellos que pudieran o quisieran tomar ventaja de nosotros. Además, logrando este nivel de conciencia, el lector se situará en una posición de verdadero poder, donde las posibilidades para desempeñarse en la vida plenamente son interminables y sólo podrá ser limitado por sus propias decisiones.

Que este libro traiga más luz y entendimiento, ayudando a individuos a triunfar en su propósito genuino y trascendental, convirtiéndose en la verdadera fuerza detrás de la fina y divina creación.

Nota Para los Lectores

El contenido de este libro es mi opinión personal basada en mis observaciones, lecturas y experiencia. No constituye asesoría profesional. Mi consejo seria buscar asesoramiento profesional si es necesario.

Son mis expectativas e intensión que la información y estrategias incluidas en este libro sean usadas apropiadamente y con el propósito que éste fue creado.

Los nombres utilizados en los ejemplos citados a través de la lectura son ficticios.

Finalmente, por favor note que a pesar de que he usado palabras tales como "él", "a él" y otras referencias específicas del género, esto NO implica que el abuso sea, de ninguna manera, específico de dicho género, sino que esto sólo tiene la intención de facilitar la lectura de manera que el lector no tenga que devolverse o adelantarse para ligar el texto.

La conducta opresiva está relacionada a ambos géneros y es de suma importancia mantener esto en mente mientras usted lee el libro.

EL ARTE
DE LAS RELACIONES
EXITOSAS

I
ENTENDIENDO LA NATURALEZA HUMANA

La Biología de la Naturaleza

Instintos Básicos de la Naturaleza

El *depredador* es un símbolo ancestral, un *opresor* y destructor de la mente humana. Su naturaleza dominante puede ser manifestada en un individuo, grupo específico o una cultura. Estas características negativas pueden también ser representadas por los valores y creencias de un grupo o sociedad en particular, orientada a manipular y mantener al ser humano atrapado por el miedo, sin permitirle que venza y trascienda la respuesta primitiva de la naturaleza humana de reaccionar con el propósito de asegurar su supervivencia. En un individuo, esta energía opresiva usualmente se refleja en un ego dominante y una castrante necesidad de obtener el completo control y poder sobre los demás.

Esta necesidad de absoluto poder y control sobre otros puede presentarse en ambos sexos, pero debido a la naturaleza dominante de este comportamiento, es mayormente asociado al sexo masculino. Debido a que al hombre se le ha dado la naturaleza de cazador, este puede ser más propenso a manifestar un comportamiento agresivo y dominante. Esto es considerando que desde los tiempos de nuestros ancestros, el cazar para alimentarse ha sido un mecanismo de supervivencia que ha contribuido a la preservación de la raza humana, el triunfo del hombre en la caza produjo un sentido de poder y control sobre el reino animal.

Además, el cazar y enorgullecerse de la valiente conquista de su presa no solamente ha asegurado su supervivencia, sino que también le ha dado el valor para triunfar en la vida. Este valor y éxito en la cacería protegió y permitió que la raza humana trabajara en grupo, asegurando el éxito y la supervivencia de la comunidad; pero esta valentía se convierte en una característica auto-destructiva en la vida cuando es usado sólo para satisfacer y complacerse a sí mismo sin considerar a los demás. Esta es la característica del *opresor*.

Conforme la humanidad ha evolucionado, hemos aprendido a utilizar métodos más inteligentes y habilidades más efectivas para sobrevivir y triunfar en la vida, incluyendo cooperación en lugar de represión u opresión. Consecuentemente, una conexión neurológica más sofisticada y eficiente ha sido establecida en nuestro proceso mental, dándonos el potencial para usar el razonamiento a niveles mucho más allá de los instintos primarios. Esto es conocido como toma de decisiones. Sin embargo, partiendo de que el impulso natural de supervivencia está fundamentado en el sistema límbico, el cual es la parte más primitiva y emocional del cerebro; cuando el ser humano percibe peligro, este experimenta miedo. Este miedo activa el impulso automático y emocional que a menudo limita nuestro razonamiento.* En consecuencia, esto nos deja a la merced de nuestras emociones y reaccionando defensivamente a la vida.

Siendo un cazador por naturaleza, la manera en que un individuo reacciona a los eventos de la vida, dependerá directamente de su nivel de madurez y razonamiento.

*Daniel Goleman, Ph.D. (1995). Inteligencia Emocional. Nueva York, E.U.A.

La habilidad de poder razonar es lo que hace la diferencia entre el reino animal y el ser humano. El uso de nuestro potencial para razonar y considerar las consecuencias de nuestro comportamiento nos coloca en un plano más alto. Es muy interesante observar que la mayoría de los *opresores* frecuentemente no se dan cuenta de su comportamiento abusivo. Por lo tanto, comúnmente no se percatan del daño que su comportamiento causa a las personas a su alrededor.

En mi práctica como sicoterapeuta, he encontrado que la falta de conciencia en el *opresor* es la barrera más difícil de vencer. Este individuo a menudo percibe su comportamiento abusivo como apropiado y justo. Cree que el daño que hace a los demás es en "defensa propia". Por lo tanto, arbitrariamente insiste en culpar a los demás por su propio comportamiento.

Los instintos primitivos son parte básica de la naturaleza humana y se originan a nivel emocional. Son inconscientes, involuntarios e impulsivos. Infaliblemente en tiempos ancestrales jugaron un papel importante en el aseguramiento de la supervivencia y están profundamente arraigados en el ser humano. Nuestros instintos están basados en la necesidad de reducir o eliminar el dolor o sufrimiento, y en la necesidad de sentir placer. Estas emociones han regido nuestra vida y continuarán haciéndolo, a menos de que usemos nuestra inteligencia. Utilizamos nuestra inteligencia cuando decidimos razonar y nos tomamos el tiempo para pensar en lo que verdaderamente es bueno para nosotros y no en lo que simplemente se vea, se escuche o se sienta bien.

Cuando insistimos en continuar actuando impulsiva e inconscientemente al responder a las complejidades de nuestro mundo actual, se convierte en un problema. Esto se debe a que en el tiempo contemporáneo, el ser humano ya no reacciona a los elementos sencillos y claros de la naturaleza como solía hacer, por el contrario, frecuentemente reacciona a información compleja y a veces incorrecta, difundida en nuestra sociedad. Debido a que el ser humano ya no necesita cazar para sobrevivir, ahora busca *cazar* el poder que el dinero provee, y con ello asegurar su supervivencia. El poder y el dinero se han convertido en un medio para obtener el control y el aseguramiento de la supervivencia. En el mundo moderno, es fácil confundirnos y tomar decisiones equivocadas ya que la información que vemos, oímos y leemos no siempre es correcta. Esta información es a veces presentada en varias formas orientada a hacernos pensar, desear y actuar como otros lo desean. Esta propagación de información inadecuada puede desencadenar una emoción de temor dentro de nosotros, el temor a no tener suficiente poder o dinero para satisfacer nuestros deseos. Con frecuencia nos sentimos confundidos y agobiados con necesidades artificiales, como por ejemplo, la necesidad de tener una casa más grande, un automóvil nuevo o adquirir más cosas en general. De tal manera que estamos siendo condicionados a creer que las cosas materiales que poseemos aseguran nuestra felicidad. En nuestro frenesí por perseguir esta seductiva ilusión, seguidamente fallamos en cumplir nuestras necesidades reales, como es el amar, ser amados y ser aceptados por quien realmente somos.

Por otro lado, como las demandas y circunstancias de nuestra sociedad han cambiado, los métodos que utilizamos para resolver y satisfacer nuestras necesidades necesitan cambiar para poder adaptarnos y triunfar. Primeramente debemos reconocer y entender como nuestra mente puede ser fácilmente provocada por el miedo. Por lo tanto, puede reaccionar a un nivel primitivo y emocional. Segundo, para poder triunfar en la vida, debemos definir y establecer nuestras prioridades por nosotros mismos, y sin temor al que dirán. Debemos ser determinados y mantener nuestras decisiones para que prevalezcan. Por ejemplo, un individuo como el *opresor* que reacciona emocionalmente a la vida en lugar de pensar, reaccionará impulsivamente y tendrá respuestas impredecibles e inconsistentes. Al reaccionar defensivamente a la vida se mantendrá enojado y resentido; lo cual nunca le permitirá vivir satisfecho. Al contrario vivirá culpando a otros y sintiéndose avergonzado de si mismo. Este estado emocional disfuncional lo mantendrá atrapado dentro de un círculo auto-destructivo interminable, escapando de su propia libertad.

Este libro no presenta la idea de un mundo ideal. Este libro trata de ayudar a ver la realidad y que recuperes el control de tu vida sabiendo quien realmente eres. Es para que redescubras tu propia sabiduría y fuerza para crear y obtener lo que realmente deseas de la vida. Una vez entendida la naturaleza del *opresor*, tendrás la habilidad de utilizar estrategias que congenien con tus circunstancias y transformar tu alrededor en función de tu propio beneficio y bienestar. Verás los resultados.

En el transcurso de este libro, la mayoría de las veces me refiero al *opresor* como "El" (masculino). Reconozco el hecho de que aunque este abusivo y opresivo comportamiento **no es particular** de un género en específico, es exhibido mayormente por el hombre como podemos verlo en el número de hombres en prisión y perpetradores de violencia doméstica. *"Entre un 90% - 95% de las víctimas de violencia doméstica son mujeres". **"No menos del 95% de los perpetradores de violencia doméstica son del sexo masculino." ***"Las probabilidades de ser víctima de un amigo de confianza o íntimo es diez veces mayor para una mujer que para un hombre."

Un *opresor*, —mujer u hombre— puede funcionar en diferentes niveles de abuso. Las heridas emocionales pueden tener un efecto profundo y de larga duración en nuestra vida que pueden llevarnos a la autodestrucción. Si este es el caso, firmemente recomiendo buscar ayuda profesional.

* Departamento de Justicia: Violencia Doméstica (NCJ-149259) 1994.
** Instituto de Justicia y Departamento de Salud y Servicios Humanos de los Estados Unidos de América 1995.
***Departamento de Justicia: Encuesta Nacional sobre delitos de victimización.

El Depredador — El Opresor

*La libertad y la razón
hacen al hombre—sin ellos,
¿qué somos entonces?*

—Shakespeare

En el contexto de este libro, un *depredador* u *opresor* es un individuo, hombre o mujer, que toma ventaja o abusa de los demás para satisfacer sólo sus propias necesidades y no considera en absoluto los deseos y necesidades de los demás. Deja a su víctima o presa confundida, sintiéndose desalentada e impotente mientras él se fortalece y satisface aún más.

Este tipo de individuo puede encontrarse en cualquier lado. Frecuentemente se esconde detrás de la imagen falsa de ser una persona civilizada, amorosa y con éxito. Sabiendo cómo hablar, lucir, y seducir, siempre está alerta, buscando la próxima oportunidad. Una vez que seduce y atrapa a su presa, la hiere y abusa sin consideración alguna. Este comportamiento es sólo la manifestación del instinto básico del *opresor* el cual es temporalmente satisfecho hasta que encuentra a la siguiente víctima.

El comportamiento del *opresor* es simple —seduce a la presa, abusa de ella y la destruye. No importa si la presa es una persona o un objeto, lo que importa para el *opresor* es el placer de tener el poder y control total sobre su víctima, lo cual le proporciona un falso sentido de importancia y seguridad.

Debido a que su necesidad de supervivencia y sentido de identidad están basados en el grado de control que tiene sobre los demás, el miedo de perder el control es fácilmente desencadenado cuando las cosas no van como él desea. Este miedo basado sólo en su errónea percepción y su necesidad de control, está profundamente arraigado en su mente y puede ser provocado por cualquier persona que actúe, piense y sienta diferente a él. Una vez que el *opresor* se siente vulnerable e inseguro este optará por medidas drásticas para autoprotegerse. Estas medidas pueden incluir desde el uso de tácticas simples de intimidación como pueden ser gestos de enojo y amenazas verbales, hasta llegar a la violencia física. A menos que el opresor decida razonar y consecuentemente comportarse diferente, cuando se sienta amenazado, este individuo se revertirá intimidando y cruelmente atacando a su víctima, sin importar que este en lo correcto o no.

No es que el instinto de *cazar* para sobrevivir o la búsqueda del éxito material para mejorar la vida sea insano; lo que es insano es su percepción y acciones de satisfacer sólo sus propios deseos a través de querer subordinar a los demás. Nuestra sociedad parece haber hecho un buen trabajo en mantener a la humanidad reaccionando con una absoluta necesidad por obtener control total. El ser humano está condicionado a creer que mientras más posesiones materiales acumule, mayor será su felicidad. Y que mientras más poder tenga sobre otros, más segura será su supervivencia en la sociedad. Esto a menudo puede generar un temor o duda de no poder triunfar, de no lograr el éxito material. Es entonces cuando nos aceleramos a querer tener una casa más grande, un automóvil nuevo y más cosas en nuestros estantes para sentirnos seguros y demostrar a los demás que somos valiosos. Estas creencias pueden mantener al ser humano actuando impulsivamente y sin control; exiliado de su verdadera felicidad y propósito en la vida. Mientras más fuerte sea su temor, más frágil será su identidad ya que esta dependerá del éxito material. Esta manera de vivir bajo temor, reaccionando emocionalmente, priva al ser humano de su verdadera fuente de felicidad, y en consecuencia le impide lograr una vida satisfactoria y plena, una vida feliz. En lugar de esto, se pasa su vida obsesionado por lograr el poder externo y el control. Seducido por el éxito material que exalta sus sentidos y le promete aparente felicidad, ciegamente cae dentro de la red de decepción. Se somete a la dulce tentación del éxito exterior y logra un falso sentido de seguridad construyendo su identidad en base a posesiones materiales y falso poder sobre los demás. Sin embargo siguiendo este camino autoindulgente significa que hay un precio a pagar, y el *opresor* no puede ni podrá escapar de las consecuencias de violar las leyes naturales y principios universales que rigen la vida y su verdadera naturaleza sin hacerse daño a sí mismo. Mientras más poder y control logre sobre su víctima, más profundamente caerá en la sombra de su propia ignorancia y egocentrismo. A su tiempo, se dará cuenta de que lo que ha hecho a los demás, se le regresará. Sólo es cuestión de tiempo.

Lo cierto es que aun cuando el *opresor* manifieste su dominante poder sobre los demás, en el fondo se siente inseguro. Equivocadamente trata de compensar sus sentimientos de inseguridad y vergüenza proyectando la falsa imagen de un individuo fuerte que es superior a los demás, y que siempre tiene el control. Al mismo tiempo, profundamente duda en convertirse en ese hombre ideal. Esta imagen conflictiva y egocéntrica de sí mismo causa una profunda sensación de temor y absoluta necesidad de controlar no solamente su entorno sino a toda aquella persona que se encuentra en su vida. Lo cual puede incluirte. Este control dominante sobre otros es frecuentemente racionalizado y justificado por el *opresor* argumentando que "es bueno para ti", "es para tu bien", "es lo que mejor te conviene". El cree saber más que los demás y que siempre está en lo "correcto".

Debido a su necesidad de estar siempre en control, es fácil que se irrite cuando se siente criticado o rechazado. Vive en temor y percibe el mundo como hostil e impredecible; un mundo peligroso en el que no puede ni debe confiar. Esta percepción distorsionada refuerza la necesidad del *opresor* por obtener absoluto poder y control sobre los demás, así como también refuerza la ilusión de percibirse solo y superior a todo, garantizando así su autoinducida infelicidad.

Características de un Depredador

Los siguientes son algunos de los rasgos comunes y características naturales del *opresor*:

- Egocéntrico
- Inseguro
- Incapacidad de autoconciencia
- Altamente competitivo
- Incapaz de ser sensitivo a las necesidades de los demás
- Sin disponibilidad emocional
- Incapaz de tomar responsabilidad de su conducta
- Irracional, arbitrario y de pensamientos impulsivo

Los métodos que este individuo emplea para obtener completo poder y control sobre los demás varían desde utilizar una dulce coerción aparente hasta usar directa intimidación verbal y física. La esencia de su identidad se basa en la vergonzosa inseguridad de sí mismo y el temor de que los demás se den cuenta de ello. Constantemente necesita demostrarse a sí mismo y a los demás que él es mejor que todos y que sabe más que nadie. Es sumamente competitivo cuando se relaciona con los demás, presume sus delirios de grandeza al mismo tiempo que se siente solo y segregado. Piensa que siempre está en lo correcto, porque arbitrariamente así lo decide. Todo debe ser como el dicta simple y sencillamente porque así lo piensa a pesar de cualquier evidencia que demuestre lo contrario. Sólo se enfoca en si mismo, vive en su propio mundo, y culpa a los demás de sus propias acciones y sentimientos. No puede tomar responsabilidad de sus actos, por lo contrario se enoja y enfurece fácilmente si se le contradice o cuestiona.

Su opinión es conclusión absoluta y final. Cualquier opinión diferente es percibida como desafiante, irracional y retadora a su existencia, a pesar de que esta opinión tenga mérito; automáticamente es percibida como si viniese del "enemigo" y este "enemigo" debe ser destruido.

John: El perfil de un *depredador / opresor*.

John, era un hombre a principios de sus cuarentas, gerente de una exitosa compañía, y felizmente casado con Betty. Ellos vivían en una casa de clase media alta con sus dos niños de 4 y 7 años. John se sentía orgulloso de haber alcanzado el Sueño Americano; ser el dueño de una hermosa casa y manejar un nuevo auto de lujo. John creía en el papel tradicional de la mujer, el cual interpretaba como sumiso, y ejercía completo control sobre su esposa. El mantenía un control total sobre las finanzas y decisiones familiares.

Todos los gastos, incluyendo la despensa, debían ser aprobados y verificados con la prueba de compra.

John creía en ahorrar para cuando se retirara de su trabajo, pero no podía controlar su adicción al alcohol y su compulsión diaria de comprar y coleccionar costosas tarjetas de beisbol.

El justificaba la acumulación de tarjetas de beisbol como una inversión para el futuro, las cuales cargaba a sus tarjetas de crédito, generando una mayor deuda económica. John no apoyaba el interés de su esposa por continuar su educación en la Universidad, pero demandaba que ella trabajara y le diese el cheque de su trabajo, alegando que el tenia mejores conocimientos sobre el manejo de las finanzas. John esperaba que su esposa, Betty, se encargara del cuidado de la casa y los niños, así como trabajar para contribuir al hogar y nunca estar en desacuerdo con él. John creía que los hijos deberían mostrar respeto hacia el siendo obedientes y guardando silencio. Creía que un modelo arbitrario y autoritario de crianza de los hijos estaba destinado a hacerlo un padre exitoso.

John temía subir de peso, y en su necesidad de controlar su entorno, prohibía el pan dulce, las galletas y cualquier otra comida "chatarra" en su casa. Frecuentemente criticaba los hábitos alimenticios de su esposa e hijos y constantemente les recordaba el peso que pudieran ganar, aun cuando ninguno de ellos tenía sobrepeso. John trabajaba duro para mantener todo bajo control, lo cual frecuentemente le daba una excusa para reprimir a su esposa e hijos. Cuando Betty intentaba influenciar sus creencias y comportamiento, John respondía con amenazas de divorcio. Betty reaccionaba temerosa terminando la conversación y tranquilizando a John preparándole su bebida de vodka favorita. John mantenía el control.

John también temía perder su tan bien pagado trabajo que mantenía su estatus y estilo de vida por el cual había luchado a lo largo de 20 años. Tenía problemas para dormir, y pasaba el resto del tiempo frente a su computadora. Apartado y desconectado del mundo a su alrededor, John no podía entender porque la gente no apreciaba o seguía sus consejos de cómo vivir sus vidas. Después de todo, él pensaba que sabía lo que era mejor para los demás, ya que tenía éxito en el mundo empresarial...

La Presa

Mientras más neguemos y renunciemos a nuestras necesidades para satisfacer a los demás, más vulnerables nos convertimos en objeto de abuso.

Erase una vez...ya sea que hayas tenido 16, 20 o 40 años, un día despertaste y te diste cuenta que ya no eras feliz. ¿Cómo sucedió esto? Eras tan feliz, bailando en el éxtasis lleno de vida, pero de repente sentiste miedo, enojo, resentimiento y tal vez temor de tu futuro. ¿Cómo es que a quien amabas o en quien confiabas se convirtió en un enemigo?

Escuchaste palabras dulces, y bondadosamente creíste. Sedujo tu inocencia y ahora estas en su dominio. Tu confianza ha sido traicionada. Logró seducirte encantando tus sentidos y amoldándose a tus deseos. Te hayas dado cuenta o no, no es importante ahora. Has entrado en el bosque oscuro de la vida.

Ahora sólo hay temor, dolor y constante intimidación por parte del *opresor*. Ya sea que él se encuentre en el hogar, trabajo o en el negocio, tu confianza ha sido traicionada. ¿Cómo ocurrió esto? ¿Cómo caemos en la trampa? ¿A dónde se han ido las buenas promesas?

¿Cuántos cuentos de hadas e historias hemos escuchado donde la inocencia y juventud han sido destruidas? ¿Cuántas lágrimas hemos visto? ¿Cuánto dolor y sufrimiento se debe tolerar antes de despertar y reclamar nuestro derecho de ser tratados con amor y respeto; y no con engaños e intimidación?

Pero, ¿Qué hace a una mujer presa fácil para el *opresor*? Como mujer aprende y desarrolla el bondadoso papel de cuidar de las necesidades de los demás. En su esfuerzo, sin darse cuenta tiende a pasar por alto sus propias necesidades. Muchos mensajes para la mujer han sido una lista de "debes" y "no debes" para lograr ser una "buena mujer" o "buena esposa". Desde pequeñas a las jóvenes se les enseña cómo ser "buenas, confiables y agradables con los demás". Después de todo ¿no es este un mundo seguro en el que se puede confiar? Y ¿Cómo debería ser una buena esposa y madre? Se le enseña a ser sensible, amorosa, fiel y responsable. Gran parte de esto son buenas cualidades, sin embargo algunas de estas pueden fácilmente inducir a equivocarse. No hay duda que estos mensajes tienen buenas intenciones, pero se ha dicho que el camino a la infelicidad a veces está empedrado con buenas intenciones.

Se espera que una mujer se case, tenga hijos y viva feliz para siempre . Como en los cuentos de hadas, ella desea de corazón ser amada. Ella espera que algún día llegue un fuerte, amoroso y apuesto príncipe que la cuidará y protegerá. Lo único que una mujer tiene que hacer es encontrar al príncipe correcto.

Con esta percepción y creencias asumidas, una mujer puede convertirse en presa fácil para el *opresor* quien está buscando la potencial y vulnerable víctima. No obstante, ella pensara que si este individuo luce como un príncipe, actúa como un príncipe, habla como un príncipe... el debería de ser un príncipe ¿o no?

El deseo natural en la mujer de pertenecer a alguien, de ser amada y apreciada puede inducirla a convertirse en ser blanco fácil para el *opresor*. Mientras más necesitada e insegura sea la mujer, mas tentadora y vulnerable se torna para el *opresor*. La hará completamente dependiente de él y ella será fácilmente manipulada y controlada por el miedo — el miedo a ser abandonada, rechazada y no ser apoyada económicamente. Así es como este dominante individuo se fortalece. La mantiene atemorizada y se alimenta a si mismo drenando la energía vital de su víctima.

Primeramente, seducirá su inocencia y bondad convirtiéndose y aparentando ser todo lo que ella un día soñó; cumpliendo sus deseos y expectativas. La conquistará para sentirse seguro y validado; no para ofrecerle su amor y fortaleza. Y ¿Qué es lo ella obtiene? Obtiene... ¡agotarse! Su mundo gira alrededor de él, el cual es, y debe ser, su universo total. Ella debe responder de inmediato al chasquido de sus dedos porque él así lo dicta, así lo espera.

Para quien está tratando con el *opresor*, la indecisión de expresar sus sentimientos por temor a las represalias es una experiencia bien conocida y dolorosamente vivida cada día; solamente ella conoce el silencio profundo y la máscara que cubre su dolor y vergüenza. Todos los días "camina de puntillas" con temor de desatar la furia del *opresor*; su espíritu muere lentamente a medida que cae cada vez más bajo el control del *opresor*, el *depredador* de su mente, el *opresor* de su alma.

Sofía: El perfil de una presa

Conocí a Sofía en uno de mis grupos de apoyo. Era una mujer atractiva con poco más de treinta años de edad. Con su mirada hacia abajo, Sofía permanecía en extremo silencio la mayoría del tiempo de nuestra sesión de grupo. Después de haberla animado en varias ocasiones a participar, Sofía nos platicó su historia que jamás olvidaré, y por la que aún siento escalofríos.

Sofía había estado casada con un oficial de policía durante más de cinco años. No tenía hijos, y su esposo no le permitía trabajar. Sofía había sido presa de abuso físico, emocional y sexual por parte de su esposo que sabía cómo provocar lesiones físicas internas que no dejaran marcas corporales visibles. Por ende, ella no podía comprobar el abuso físico ante las autoridades. El le había asegurado que la policía no le creería ya que él laboraba en las fuerzas policíacas y sabía cómo engañar al sistema. Sofía temía por su vida. Durante años, había sufrido este abuso en silencio y temía que acabara con su vida. El día en que conocí a Sofía, había contactado autoridades policíacas de jerarquía más alta, las cuales le estaban brindando servicios de protección. Esa tarde, Sofía sería trasladada a un lugar secreto donde reiniciaría su vida bajo una nueva identidad.

Nunca volví a ver a Sofía pero aun así el miedo en sus ojos, y el silencio mortal de su alma se quedaron conmigo.

El abuso físico y sexual no es el objeto de este libro. En los casos de abuso físico y sexual, recomiendo firmemente se acuda a autoridades competentes y profesionales que traten estos casos. Sin embargo, este libro es para aquellos que están lidiando con abuso emocional, la pérdida de su energía vital.

Cuando la mujer trata de ser una "buena mujer" atendiendo las necesidades de otros, con frecuencia ignora sus propias necesidades y se esfuerza para demostrar que es "suficientemente buena" y lograr ser aceptada. A medida que se esfuerza más y más, omitiendo sus propias necesidades, se vuelve más vulnerable al abuso de otros. De esta manera se somete a si misma y se convierte en presa de la conducta abusiva. Como consecuencia de vivir atrapada en esta trampa, los instintos básicos de la mujer se lesionan y la mujer pierde contacto con la fuerza vital que lleva internamente.

A medida que se siente más presionada por renunciar a sí misma y someterse a los deseos de los demás, intenta desesperadamente disimular su dolor lo cual la puede conducir a la depresión y a otro tipo de problemas como tener relaciones secretas, compulsión o adicción al sexo, drogas, alcohol o comida. La víctima se refugia en estas conductas impulsivas y autodestructivas para entumecer sus sentidos y esconder su dolor, pero al dejarnos llevar lentamente por esta corriente destructiva en la vida, es fácil perder nuestra verdadera naturaleza, nuestra verdadera identidad.

Es probable que aún piense, "tal vez si cedo un poco más, todo saldrá bien; tal vez si pongo más esfuerzo, todo estará bien". Aparentemente esto a veces da resultados durante un tiempo corto. El *opresor* nuevamente parece un príncipe encantador. Sin embargo después de un tiempo el *opresor* empieza a exigir de nuevo cada vez más y más, dejando a su víctima exhausta y sin lugar a donde ir. Además, el *opresor* reafirma repetidamente que ella "tiene la culpa", lo cual refuerza en la víctima su equivocado sentimiento de culpabilidad por no ser lo "suficientemente buena". En su necesidad de vencer estos sentimientos de culpa y vergüenza, termina por esforzarse aún más para probar que es digna de ser amada. Al mismo tiempo que se pregunta del porqué de su cansancio, o tal vez el porqué de su depresión...

Rosa: El perfil de una víctima.

Rosa era una mujer atractiva, inteligente, y amable de casi cuarenta años de edad. Ama de casa y madre orgullosa de dos niños encantadores e inteligentes, de cinco y siete años de edad. Rosa había estado casada por más de doce años con un exitoso hombre de negocios. Ella no comprendía su estado de depresión cuando tenía todo lo que una mujer podía soñar. Tenía un estilo de vida de clase media alta y disfrutaba de sus amigos y de su familia. Yo no vi nada negativo en la situación de Rosa hasta que me di cuenta de que en su esfuerzo por comprender y demostrar su amor a su esposo había sido absorbida en la trampa de creer y aceptar las súplicas de su marido por que tuviera relaciones sexuales con otros hombres que él había elegido, para después pedirle que le platicara los detalles de tales relaciones justificando que eso era" bueno para su matrimonio". La tarea persuasiva de su esposo no fue culminada en un sólo día. Comenzó como una simple broma donde él pedía que sonriera y coqueteara con el hombre sentado al otro lado de la mesa. Con el tiempo, esto se convirtió en una situación completamente insana y disfuncional al grado que Rosa tenía relaciones sexuales con distintos hombres cada dos o tres semanas. Rosa trataba de terminar con esta situación pero su esposo le suplicaba que continuara teniendo estas relaciones extramaritales una vez más ya que esto le ayudaba a sentirse bien. Ella amaba a su esposo y deseaba que fuera feliz. Cuando Rosa vino a verme, sentía una culpa abrumadora, ya no tenía fuerzas para continuar cumpliendo con los deseos de su esposo, estaba agotada y se sentía atrapada. Rosa temía que su matrimonio terminara así como su bienestar emocional si no cumplía con sus deseos. Había ya pensado en el suicidio.

Siempre me he asombrado al observar la astucia que utiliza el *opresor* para convencer a su presa de que las lesiones emocionales y/o físicas que le ocasiona son por *"su propio bien"* y por el "bien de la relación"...

Roberto: Las características de una víctima

Roberto, un hombre triunfador e inteligente con poco más de cincuenta años de edad, vivía en una residencia de clase media alta con Mary Jane, su joven y guapa esposa. Roberto era fiel, trabajador, y amoroso con su esposa. El luchaba por cumplir con dos empleos con el fin de mantener el lujoso estilo de vida que su esposa demandaba. Durante su matrimonio, Mary Jane sostuvo varias aventuras amorosas, las cuales negaba. Culpaba a Roberto por su falta de comprensión argumentando que esto era el motivo de sus aventuras. Comparaba a Roberto con sus amigos más adinerados y lo criticaba porque no era un "hombre exitoso". A Mary Jane le encantaba coquetear con los amigos de Roberto. Ella no veía nada malo en su coqueteo ya que lo consideraba como que solamente estaba siendo "amistosa". Después de todo ella justificaba su coqueteo pensando que, "Roberto tiene la culpa". Por otro lado, Roberto temía perder a su bella y seductora esposa, ya que se culpaba a sí mismo de los problemas en su matrimonio.

Como he mencionado anteriormente, la conducta abusiva no es característica de un género en particular. El vivir con un *opresor* sea hombre o mujer, nos obliga a vivir una vida dominada por el miedo. El vivir bajo el miedo produce condiciones no saludables que roban nuestra fuerza y energía vital.

* * *

Un Error Común: El Impostor de la Baja Autoestima.

Si naciste en una sociedad idealizada, eres propenso a caer en el error común que ocasiona y mantiene nuestra autoestima baja, probablemente desde nuestra niñez. Se considera que una persona posee baja autoestima cuando nos referimos a la falta de confianza en sí mismo. Con frecuencia me he preguntado si tener baja autoestima pudiera ser parte de nuestro desarrollo normal como resultado de vivir en una sociedad a veces confusa y contradictoria basada en "haz lo que yo digo, no lo que yo hago".

Conforme fuimos creciendo, en nuestro esfuerzo por adaptarnos y ser aceptados, comúnmente aprendimos a reprimir nuestros sentidos, a renunciar a nuestra identidad, y nos convertimos en una imagen falsa de lo que realmente somos, la imagen ideal dictada por la sociedad. Al tratar de cumplir con esta imagen ideal, comenzamos a sentirnos avergonzados de nosotros mismos por no ser lo suficientemente buenos, esbeltos, o ricos. Este proceso es inconsciente pero doloroso ya que nos conduce a la negación de nuestra verdadera identidad.

Esta manera de pensar produce un bajo concepto de nosotros mismos y se convierte en el punto de referencia por el resto de nuestras vidas. Cuando tratamos con un *depredador,* su nivel de control y abuso tiende a desencadenar sentimientos de baja autoestima e inseguridad con consecuencias devastadoras.

Recuerda que nada destruye más rápidamente la seguridad emocional y confianza en sí mismo, que el amar o convivir con alguien que tiene necesidades sumamente narcisistas y controladoras. Tener una relación con este tipo de individuos nos angustia y agota nuestra energía. Estas personas exigen y demandan ser el centro de atención en nuestra vida. En la medida en que giramos alrededor de ellos tratando de cumplir con sus deseos interminables, nos incorporamos a su mundo enfermizo perdiendo lentamente nuestra identidad. Perdemos la fe en nuestra percepción de la realidad así como la confianza en nosotros mismos. Dejamos de confiar en nuestra capacidad para manejar nuestra vida ya que ellos la controlan. Nuestra vida es dirigida y controlada por alguien que no solamente nos rebaja sino que también intoxica gravemente nuestro bienestar físico y emocional. Lo más confuso de todo esto es que aunque el proceso de total sumisión a los deseos del *opresor* es perjudicial para la víctima, el *opresor* percibe y exige esta sumisión como el acto de una persona que esta "enamorada". Por lo tanto, en su percepción de lo que es el amor, y para demostrarle amor al opresor tus necesidades no deben existir, sólo las de él. El hecho de que esta manera de pensar tenga sentido o no, no es importante para el *opresor*. Esto es lo que él cree, demanda, y cree estar en lo "correcto". No hay porque sentirnos intimidados ni temer a este tipo de individuos. Ten la seguridad de que debajo de la máscara de poder absoluto y falso delirio de grandeza, se encuentra una persona sumamente insegura y atormentada por su propio egocentrismo. Día tras día, lucha en silencio para mantener y exhibir su equivocado y falso concepto de poder absoluto.

Celina: El perfil de una víctima

Celina era una mujer atractiva a principios de sus cuarentas. Era muy trabajadora y se esforzaba por tener éxito en su vida. No vi nada malo en su deseo de prosperar y ser exitosa, hasta que me di cuenta que en su esfuerzo por alcanzar la imagen de éxito y belleza dictada por la sociedad, Celina se había sometido a más de 10 cirugías estéticas durante los últimos siete años, incluso estaba planeando la próxima cirugía, aun cuando su médico le había aconsejado lo contrario. Celina se sentía deprimida y molesta consigo misma por no poder alcanzar los estándares de éxito dictado por la sociedad.

Josefina: El perfil de una víctima

Josefina era una joven profesionista de 32 años de edad. Ella se sentía culpable de no ser exitosa y tristemente compartió su historia. Desde pequeña, Josefina trataba de ganar el amor y aceptación de su mama siendo buena hija y obedeciendo. Gertrudis, su madre, ejercía control absoluto y decidía por Josefina en todos los sentidos. Aunque Josefina era obediente, tenía excelentes calificaciones, y sobresalía en deportes; aun así, nunca era suficiente para Gertrudis, quien siempre la comparaba con los demás y la criticaba por no hacer las cosas mejor. Aunque ahora Josefina tenía dos trabajos y pagaba la renta de sus padres, quienes habían perdido su casa en las apuestas, Gertrudis continuaba criticándola y quejándose de la ingratitud de sus hijos después de todos sus sacrificios como madre. Josefina amaba a su mamá y quería hacerla feliz, pero a pesar de su esfuerzo nunca era suficiente. Se sentía culpable de no llenar sus expectativas. Josefina trataba de ocultar su dolor y vergüenza tomando bebidas alcohólicas y antidepresivos.

Durante el curso de nuestras vidas, es posible caer en la trampa del *opresor*. Ya sea que este *opresor* esté representado por una persona, un grupo social, o una cultura, debemos darnos cuenta de que si hemos sido conducidos o influenciados por fuerzas y circunstancias fuera de nuestro control y entendimiento; aun así, también somos los autores de nuestro propio destino, podemos cambiar y controlar nuestra vida.

Recuerda, la libertad para ver y ser lo que realmente somos es el don más grande que se nos ha dado, no por el hombre sino por la gracia de Dios. La libertad ya nos pertenece por naturaleza. Sólo necesitamos reclamarla, y no está lejos.

LA PRESA DEL DEPREDADOR

Como una Princesa en lo alto del castillo,
Mi corazón palpita, la noche se avecina
Y mis lágrimas calladas caen
Sin nada que ya pueda hacer

Como en tiempos remotos,
El Rey ha enviado a su Reina a la torre para ser destruida
Porque ha desobedecido al Rey...
Pero en realidad...es sólo porque así él lo decidió

El haber desobedecido o no,
Nunca fue el problema, ni fue importante
Para sus instintos crueles y brutales.

La Reina sólo era un obstáculo para los deseos del Rey,
Por lo tanto, la Reina se volvió innecesaria,
Deshacerse de la Reina era el único plan del Rey,
Sin sentimientos, sin culpa, sin remordimiento...

No necesitamos ir a otros países para encontrar víctimas de abuso. No debemos leer temas sobre relaciones abusivas y concluir que esto pasa únicamente en otros países. No es verdad. El abuso y maltrato de otros está sucediendo en este momento en nuestras comunidades.

La Rana y el Escorpión

El uso de metáforas es una forma simple de aprender y compartir la sabiduría de la vida. La siguiente metáfora ilumina el entendimiento de la naturaleza del *depredador*.

La Rana y el Escorpión

Estaban una vez una rana y un escorpión a la orilla de un río. El escorpión quería cruzar el río.
El escorpión le dijo a la rana: "Me gustaría poder llegar al otro lado del río pero me tomaría mucho tiempo caminar alrededor de éste para poder lograrlo. Si me ayudaras a cruzar, me llevaría mucho menos tiempo y podrías llevarme sobre tu espalda."
La rana dijo: "Si te ayudara a cruzar me picarías por la

espalda y moriría"
A lo que el escorpión respondió: "No, no te picaría, porque si lo hiciera, caería al agua y moriría. Y en realidad necesito cruzar el río."
Finalmente, la rana aceptó.
El escorpión se trepó sobre la espalda de la rana. A mitad del camino, el escorpión picó a la rana. La rana miro al escorpión y preguntó:" ¿Por qué me picaste? Dijiste que querías llegar al otro lado del río ¡ahora ambos moriremos!"
El escorpión dijo a la rana: "De verdad quería cruzar al otro lado del río y no fue mi intención picarte"
La rana preguntó: "Pero ¿entonces por qué lo hiciste?"
A lo que el escorpión respondió: "Porque está en mi naturaleza."

El escorpión tenía la intención de cruzar al otro lado del río pero también está en la naturaleza del escorpión el picar y matar.

Como seres humanos se nos ha dado el derecho de decidir entre dos fuerzas naturales que llevamos dentro: el poder de crear y el poder de destruir. Se nos ha dado el potencial de la sabiduría y el conocimiento para elevar nuestros instintos. Pero, a veces nuestra visión se empaña con distracciones y tentaciones que nos sacan del camino real. Terminamos desviándonos de nuestro real objetivo en la vida y nuestra verdadera fuente de poder y felicidad. Estas distracciones son seductivas y envuelven nuestros sentidos. Nos hacen sentir tan bien y parecen tan reales que difícilmente distinguimos entre lo que es cierto y lo que no lo es. Terminamos perdiendo nuestra fuerza interior, dejándonos llevar por la corriente de nuestras emociones inconscientes, cayendo una y otra vez en una falsa ilusión.

Los mensajes bien intencionados y los buenos consejos acuden a nuestro rescate; sin embargo, con frecuencia, las buenas intenciones no son suficientes para cruzar la corriente de la vida, llena de distracciones e ilusiones prefabricadas. A veces, es necesario tener una experiencia difícil para poder despertar y comenzar a vivir con determinación para tener el control de nuestra vida. Un ardiente deseo, claridad y determinación son necesarias para atravesar el mundo de ilusiones prefabricadas y lograr la felicidad que realmente anhelamos.

Entonces, ¿Cómo puedes atravesar la corriente de la vida sin que te piquen los escorpiones —los *depredadores* de la vida? **¡Evitándolos mientras puedas!** Recuerda, es más fácil evitar caer en trampas que salir de ellas. Pero aun cuando ya estés atrapada puedes salir. En los siguientes capítulos, puedes encontrar la información y las herramientas que necesitas para diferentes situaciones. Necesitarás sujetarte firmemente a las reglas del juego de la vida y a estrategias eficaces para mantenerte en el trayecto. Ten por seguro que la victoria ya es tuya.

El instinto de conservación de nuestra Madre Naturaleza, nos ha dado las herramientas y habilidades que necesitamos para salir de las trampas. Sólo necesitamos recordarlas. Esto se logra en la medida en que estemos conscientes y utilicemos nuestro propio poder de intuición e instinto. Muchas almas valientes lo han logrado. Tú tienes lo que se requiere para cambiar tu vida. **Debes** creer en ti.

II
El campo de Batalla o el Jardín de Juegos

Identifica Donde te Encuentras

¿El campo de Batalla o el Jardín de Juegos?... Es tu decisión. Ya sea en los negocios o en las relaciones personales, se haya tomado ventaja de ti o no, esta es la realidad. Tal vez aún puedas hacer de esta realidad algo divertido... como en un jardín de juegos. En este juego, el jugar justo o esperar que tu oponente, el opresor haga lo correcto, es una batalla desperdiciada. El no jugará justo ni tampoco hará lo correcto. ¿Por qué? Porque él no tiene la habilidad para hacerlo y ello acabaría con su juego. El ser totalmente honesto no es parte de este juego. Esto lo confrontaría y destruiría la burbuja de su egocéntrica identidad. No solamente sería devastador para él, sino que tampoco sería divertido para ti, ya que el ser honesto podría desencadenar su ira.

Este mundo puede ser un maravilloso y excitante campo de juegos, pero necesitas jugar su juego con inteligencia; o se te sacaría del juego. Te hayas dado cuenta o no, has entrado al juego de la vida. El negar esta realidad sólo te lastimaría y traería desventajas. Has sido llamada para jugar en este juego, y el nombre del juego es GANAR.

Por favor considera que el propósito de este libro no es destruir la percepción del amor, la esperanza y belleza del mundo. El propósito de este libro no es convertirse en cínico y mentiroso. El propósito tampoco es destruir a tu oponente. El verdadero propósito de este libro es darte la habilidad de reconstruir tu fuerza interior. La intención de este libro es facilitarte el navegar exitosamente y controlar la dirección de tu destino. El propósito de este libro es el entender la naturaleza de tu *opresor*, y así poder ganarle en su juego.

El Juego de la Vida
Las Reglas del Juego

A continuación encontraras las reglas del juego de la vida.

Regla #1 **Protégete a ti mismo:** La capacidad de poder cambiar es parte de la naturaleza humana. Pese a qué tan buenas sean las intenciones de una persona y a pesar de las buenas y grandes promesas que se puedan hacer, aún existe la posibilidad de que estas promesas no se lleven a cabo. ¡Siempre protégete!

Regla #2 **Regla de la naturaleza:** Respeta al reino animal guardando tu distancia. No podemos cambiar la naturaleza pero si podemos aprender a convivir con ella. El escorpión sólo te puede picar si estas cerca de él. La abeja te pica sólo si tú la provocas. No provoques al *opresor*.

Regla #3 **Identifica donde te encuentras:** Identifica y entiende las reglas del juego antes de jugar. No asumas absolutamente nada. De otra manera, el precio puede ser muy alto emocionalmente, financieramente y físicamente.
    a) Observa y escucha. ¿Cuáles son las reglas, creencias y comportamientos que sustentan el juego? ¿Qué es lo que se espera de ti? Lo más importante es identificar cuáles son las posibles trampas que puedan eliminarte o reemplazarte en el juego. Recuerda, lo que cuenta no es lo que el *opresor* dice, sino lo que hace. Evita engañarte a

ti misma al creer sus excusas. Todo se mueve de acuerdo a su propia naturaleza. Observa sus patrones de comportamiento y sus acciones.

b) No pongas todas tus esperanzas en una sola dirección. Es parte natural de la vida el que las cosas y circunstancias cambien. La naturaleza de la vida es el cambiar. Estamos regidos por la misma regla natural y las reglas del juego pueden cambiar sin avisarnos. Debes prepararte, informarte y educarte. Como dice el antiguo dicho: ¿Por qué prender una sola vela cuando puedes prender veinte? Sabiendo que el viento siempre puede soplar aun cuando parece estar calmado; realmente se está preparando para soplar de nuevo. Encuentra el apoyo y pide lo que necesitas para prepararte.

c) Anticipa los movimientos de tu oponente. El tratará de bloquear y desviar tus buenas intenciones. Su estrategia es sabotear tu interés de ser mejor en la vida, argumentando que él sabe lo que es "mejor para ti". Encuentra tu propio camino y no permitas que te distraiga. Observa a tu alrededor y date cuenta de las posibilidades. ¿Qué puedes hacer hoy para prepararte? Estudiar, trabajar, invertir... Incluso la más pequeña ventana hoy, puede ser una gran puerta mañana. Recuerda, mientras mantengas la fe en ti mismo, tendrás la oportunidad de ganar el juego. No te rindas.

Regla #4 **Conoce a tu oponente.** Así que, ¿piensas que no puedes vencer a tu oponente? Entonces únetele. ¿Cuál es su fortaleza? ¿Cuáles son sus debilidades? ¿Qué es lo que él desea? ¿Qué espera de ti? Toda fortaleza tiene su área vulnerable; por lo tanto es penetrable. Busca su punto débil y el camino desprotegido uniéndote a tu oponente

Regla #5 **El estilo del juego**. No conoces a tu oponente hasta que lo tratas a fondo. Lo que conoces acerca de él no es todo lo que es. No asumas absolutamente nada y no lo subestimes. Mantente alerta y obsérvalo. El reaccionará de acuerdo a la manera en que elijas tratarlo y relacionarte con él. Observa sus reacciones. Si tu estrategia elegida no te está llevando a dónde quieres, elige otra entonces y trata otra vez.

Regla #6 **Mantén un buen sentido del humor**. En este juego el primero que se enoja pierde. El enojo tiende a cegar nuestra percepción y desencadena nuestros impulsos. Esto no es una buena idea. Además, no es bueno enojarte con tu oponente. Recuerda, tus expresiones de enojo sólo provocarían más ira en tu oponente, y este sería el primer paso para perder el juego. Un respiro profundo y una sonrisa serían más efectivos. El no reaccionar contra él te ayudará a mantenerte enfocada en tus metas y perseverar en lo que es importante para ti.

Identificando las Trampas

> *La vida no se trata de cuantas veces caemos, sino de cómo nos recuperamos e intentamos de nuevo. ¡Siempre hay solución!*

La necesidad de tener control es sana y natural. Sin embargo, se vuelve insana y destructiva cuando demandamos completo control e imponemos nuestros deseos y necesidades arbitrarias en los demás para nuestro propio beneficio únicamente. Esto es sumamente peligroso y destructivo para todos los involucrados incluyendo al *opresor*, ya que será solamente cuestión de tiempo para que su falso poder se desmorone. A través del tiempo hemos visto como la *presa*, la víctima de opresión y abuso, siempre ha encontrado una manera para salir de la trampa. A través de la historia hemos visto como la opresión humana crea resentimiento y prepara el escenario para una futura guerra. Confía en la sabiduría de la Madre Naturaleza. No hay error en ella. Ella ha puesto en los instintos naturales de la *presa*, la habilidad de sobrevivir y triunfar.

Consecuentemente teniendo un profundo entendimiento y completa compasión por nuestro *opresor*, no hay necesidad de temerle. No coincidas con su miedo. Al contrario, ten amor y comprensión. Más allá de todo, tu percibido enemigo ya se encuentra vulnerable. En primer lugar, su frágil egocentrismo lo hace dependiente de otros para sentirse importante y seguro lo cual valida su existencia. En segundo lugar su debilidad reside en su falso sentido de superioridad y omnipotencia. Su ego es débil, su estructura es frágil y su fortaleza es fácilmente penetrable. No obstante, debemos tener precaución al andar en el bosque abierto de la vida. Debes estar alerta y nunca subestimar a tu oponente.

Por consiguiente, —"decir la verdad", "decirla tal cual es", "dejarte llevar y expresar tu frustración" —no funcionará con tu *opresor*. Este comportamiento debe ser usado con personas cuyo nivel de razonamiento les permite pensar y reflexionar. Un *opresor* no es una criatura que razona sino una criatura emocional. Funciona en un mundo de emociones exagerando eventos insignificantes, y no es capaz de tomar responsabilidad de su propia conducta. Teme perder el control en un mundo en el que no puede ni debe confiar.

Si de alguna manera hemos caído en la trampa del *opresor*, no hay porque sentirse culpable por caer en ella, tarde que temprano lo hacemos —así es como aprendemos a sobrevivir. La vida es un proceso de aprendizaje, no hay nada de qué avergonzarse. Al contrario, hay mucho que aprender. Por otro lado, el *opresor* es diestro y astuto en lo que hace, y no es fácilmente reconocido por el ojo ingenuo y desentrenado. Para identificar y reconocer al *opresor* toma tiempo y preparación. No obstante, mientras más pronto aprendas a identificar a este *opresor*, más preparada estarás. Recuerda, lo que importa no es lo que la vida te traiga, sino lo que hagas con ello.

Sé paciente. Estas aprendiendo y estas siendo entrenada para la vida. El propósito de estar con el *opresor* es el de reconocer tu fuerza interior y aprender quien eres tú realmente. Conforme vayas perdiendo tu ingenuidad, creada por el condicionamiento social, te convertirás en una persona más fuerte y sabia. La pérdida de tus creencias y expectativas irrealistas, te aleja de ser *presa* fácil de su abuso o depredación. Una pérdida que es necesaria para crecer y madurar, lo cual te permitirá cruzar el torrente de falsas ilusiones sin perder tu fuerza interior. Esto se logra con un propósito claro en mente —el tomar tu propio control y vivir la excepcional vida que mereces.

Tal vez te preguntarás por qué no eres feliz ¿Será codependencia? ¿Será el amar demasiado? o ¿Es sólo el miedo a estar sola? No importa las razones que sean, o lo que te hayan dicho que es. Al final resulta lo mismo. Aún necesitas salir de la trampa y recobrar el control sobre tu vida. Nadie más puede hacerlo por ti. Tú debes hacerlo y puedes hacerlo. Recuerda que la vida no se trata de cuantas veces caemos, sino de cómo nos recuperamos y como exitosamente tratamos de nuevo. Ten fe y confía en ti misma. Siempre hay solución

En este capítulo encontraras estrategias prácticas para incrementar tu instintivo poder para persuadir a tu oponente. Aprenderás que tu *opresor* tiene una falsa identidad y creencias arraigadas que una vez comprendidas por ti, te dará una poderosa fuerza que abrirá el camino para derrotarlo. Este aprendizaje te dará la oportunidad de convertir tu vida en una obra maestra, a través de conocerte a ti misma y ejercer tu libertad creativa para dirigir tus pensamientos y emociones. Finalmente, te convertirás en todo aquello que siempre has querido ser. Piensa que no estás sola, muchas personas a tu alrededor lo están haciendo. Yo estoy contigo.

¿Te sientes atrapada? Atiende a la habilidad instintiva que tenemos para la autopreservación.

Las siguientes son algunas estrategias que puedes utilizar:

- Observa. Obsérvalo e identifica las trampas y su manera de provocarte.
- No temas. Tu *opresor* no tiene más poder que el que tú le das. Mantén el poder que tienes evitando reaccionar contra él. Confía en ti misma.
- Ve las cosas por lo que son. Evita especulación y juicio de cualquier tipo. No justifiques su conducta. Enfócate en cómo resolver y planea como lograr salir de esto exitosamente.
- Diseña tu estrategia. Mantén tu atención y no te distraigas por pequeñeces —si la estrategia utilizada no funciona como quieres, usa una diferente. Siempre mantente a salvo, tu seguridad física y emocional es más importante.

En la búsqueda de tus opciones considera lo siguiente:

a) Antes de que decidas pelear o confrontar, debes de tener un plan y prepararte.
b) Antes de negociar, necesitas situarte en una posición de poder.
c) Antes de escapar, necesitas desarrollar un plan de escape.
d) Ya sea que elijas quedarte o retirarte, la responsabilidad de esta elección es tuya, de nadie más.

Un aviso de precaución: Situaciones donde existe abuso físico o abuso de cualquier sustancia como alcohol, drogas o estimulantes, está más allá del alcance de este libro. Si éste fuese el caso para ti, o la gente que te rodea, recomiendo altamente que consultes a un profesional en el área para que te asista.

Reconociendo las Trampas

Podemos ser fácilmente controlados cuando nos encontramos bajo la influencia de poderosas emociones como lo son el miedo, la culpa y la ira. Este es su juego. Obsérvalo.

Al convivir con un individuo opresivo, terminamos adaptándonos de tal manera que aprendemos a reprimir nuestras emociones y necesidades, demostrando sólo aquellas que van de acuerdo con lo que el opresor dice. ¿Por qué? Porque él ha decidido cuales "tienen" y "deben" ser nuestras necesidades. Debemos mostrarle respeto lo cual a menudo lo interpreta como "obediencia" a sus decisiones y deseos. Debemos mostrarle "apreciación" en la manera que lo demanda. En nuestro intento de satisfacer sus necesidades, comenzamos a negar nuestra propia percepción y sentimientos hasta el punto de disociarnos de la realidad. Dejamos de confiar en lo que vemos, oímos y sentimos. Dejamos de saber qué es lo que realmente queremos en la vida, por el hecho de que esto ya ha sido arbitrariamente decidido por nuestro *opresor*. En el esfuerzo por mantener una buena relación, comenzamos a dejarnos llevar lentamente en el camino destructivo de la perdida de nuestra identidad. Terminamos sintiéndonos confundidos sin tener idea de por qué nos sentimos de la manera en que nos sentimos.

Lo siguiente te ayudara a identificar alguna de las estrategias que el *opresor* utiliza para asegurar el control.

El *opresor* asegura el control mediante:
1. **Intimidación:** El intimida usando movimientos y palabras agresivas. Comúnmente utiliza un tono hostil y amenaza con abandonarte.
2. **Confusión:** Te culpa por como él se siente debido a que tú "no lo entiendes o no lo entenderás". Su juego consiste en no definir y expresar específicamente sus necesidades, sino que habla en términos generales. Por consiguiente, no podrás debatir su equivocada acusación por más que trates de satisfacerlo. Aunque no puedes leer su mente, y nadie puede, aun así, él te culpa por no "entenderlo".
3. **Culpabilidad:** Al hacerte sentir culpable él gana control. "No te preocupas por mí". "Si yo te importara, harías lo que yo te pido". "Después de todo lo que hago por ti". "Me duele que no confíes en mi".
4. **Humillación:** Constantemente te hace sentir que estas equivocada y nunca a la altura de sus expectativas. El "sabe todo" y siempre está en lo "correcto". Incluso después de haberte humillado trata de confundirte argumentando que sólo estaba "jugando". Utiliza comentarios hostiles sobre ti o te critica sin razón para sentirse superior y encubrir sus propios sentimientos de inseguridad e incompetencia. Por consiguiente, no lo tomes personal. No tiene nada que ver contigo, solamente está respondiendo a su propio monólogo para reafirmar su falso sentido de superioridad.
5. **Aislamiento:** Se molesta cuando te ve conversando con otras personas porque no quiere que te den "malas

ideas". Tratará de evitar que te superes, privándote la oportunidad de mejorarte y tal vez separándote de tus amistades y familia. Su temor es perder el control sobre ti.
6. **Falsas acusaciones:** Hará acusaciones arbitrarias y sin fundamento, sin tener evidencia alguna que lo respalde. No le importa si las acusaciones que hace sobre ti son ciertas o falsas. El mensaje que desea dar es que "tú estás mal".
7. **Control financiero:** Mientras más dependas de él económicamente, mayor control tendrá sobre ti.

¿Te sientes con temor, culpable o confundida? Ese es precisamente el sentimiento que tu *opresor* quiere que tengas –**Esa es su trampa, no caigas en ella.** Podemos ser controlados fácilmente cuando nos encontramos bajo la influencia de poderosas emociones como son el temor, la culpa o el coraje. Ese es su juego, hacerte sentir de esa manera. Su intención es conducirte a un terreno emocional inestable y jugar con tus emociones, donde tu juicio y razonamiento se confundirán. Por consecuencia, no podrás reconocer la evidencia de lo que está aconteciendo y sólo reaccionaras emocionalmente como él espera.

Lo primero que debes hacer es no confrontarlo o cuestionarlo. Al contrario, sólo observa lo que hace. Se cauta.

Conoce a tu Oponente

Para derrotar a tu oponente necesitas entenderlo. Con el fin de impedir sus malos tratos es mejor persuadirlo y evitar confrontarlo. La mayoría de los *opresores* perciben a sus víctimas como débiles y dependientes. Su víctima entonces deberá parecer poco inteligente e incapaz de tomar decisiones por si misma. La víctima es un objeto que el *opresor* cree poseer, y su única función es complacer y convertirse en lo que él desea.

Las siguientes son estrategias básicas que puedes utilizar para adquirir una posición de poder más fuerte mientras desarrollas un plan que funcione para ti. Recuerda que estas estrategias no son para tomar ventaja, sino para derrotar el comportamiento de una persona abusiva. El propósito es entender a tu oponente, no dañarlo. El objetivo es poder exitosamente lidiar con este tipo de persona opresiva sin perder tu fortaleza interna.

Como situarte en una posición de poder.

I—Construye una plataforma de bondad y seguridad

LO QUE DEBES Y NO DEBES HACER

DEBES

- **Desármalo:** Sigue la Regla de Oro siendo amable. Un *opresor* jamás destruiría a uno de los suyos. Esa no es su naturaleza. El objetivo es ganar su respeto y confianza convirtiéndote en su más sincero y mejor amigo. Establece una buena relación enfocándote en las similitudes. Esto lo puedes hacer actuando, hablando y siendo como él. Puedes animarlo a que hable de él y las cosas que más le agradan. El te percibirá como una persona inofensiva y no temerá.
- **Alábalo:** Alábalo por todo lo que haga y diga. Como la mayoría de los *opresores*, él tiene un ego frágil. Sé sincero cuando lo alabes porque su identidad está basada en cómo los demás lo perciben; consecuentemente, necesita constante validación externa de lo que él cree ser en realidad. No importa si esta imagen es real o no. No debes destruir esa imagen, sino conservarla y reforzarla. De lo contrario, podría ser devastador y contraproducente para ti. Por

lo tanto asegúrate de alabar su imagen exitosa como él la percibe.

- **Persuádelo:** ¿Cómo? ¿Qué es lo que quiere de ti? ¿Te ve como una persona débil, dependiente, poco inteligente? Sé atento a sus necesidades y mantén su interés en ti escuchando lo que él desea. Esto te mantendrá cerca de él y podrás saber qué planes tiene para ti. Siempre sé un aliado cortes y agradable, no una amenaza. Una vez que se sienta en control entonces será momento para persuadirlo en la dirección que decidas y pedir lo que necesitas. De esta manera, ambos obtienen lo que quieren — ¡una situación de ganar-ganar!
- **Apela a su bondad:** Para proteger a aquellos que son como él y le son leales. Después de tu arduo trabajo, te lo mereces. Hazlo sentir orgulloso de cualquier decisión y de todas sus concesiones incluyendo las más pequeñas. El basa su existencia en lo que otros piensan de él. Se siente superior y le gusta que los demás dependan de él. Esto le da un fuerte sentido de importancia. Por lo tanto, expresa tus necesidades y deseos como sugestiones indirectas, de esta manera pensara que son decisiones tomadas por él y no por ti.

NO DEBES

- **No lo contradigas:** El no es capaz de aceptar que está equivocado. Cualquier opinión diferente a la de él es percibida como una amenaza a su frágil ego, la esencia de su identidad. El necesita tener el control y cree siempre estar en lo "correcto". Si insiste en que le des una respuesta, considera responder de una manera vaga, cordial y amable.

- **No lo confrontes:** El no toma responsabilidad sobre sus actos. Tomar responsabilidad requiere madurez y un proceso de pensamiento llamado razonamiento. Estas no son las características que él posee. Tu oponente no puede activar su capacidad para reflexionar sobre su comportamiento. Para él, las cosas "simplemente suceden". Confrontarlo sólo te hará el blanco de su ira. Cuando sea necesario admite que tú has cometido el error incluso cuando no sea así. Esto reforzará la imagen perfecta que tiene de sí mismo, y destruirá cualquier coraje que pueda tener. Después de todo, él te considera no inteligente y dependiente de su guía. Esto lo hará sentirse superior y en control lo cual es su motivación.

- **No discutas:** No te involucres en batallas triviales e innecesarias para defenderte. Al contrario, mantén tu fuerza interna y gana el juego no involucrando tu ego. Esto se logra al no hacerlo sentir que está equivocado. Puedes hacerlo respetando sus creencias y mostrando apreciación por su esfuerzo. Por favor date cuenta que esto no significa que estés de acuerdo. Esto significa que tú no puedes cambiar lo que él ha elegido creer. Después de todo, es únicamente su opinión.

- **No muestres tus puntos débiles:** No muestres tus frustraciones y desacuerdos ya que esto sólo lo pondrá a la defensiva lo cual lo hará desconfiar de ti. Recuerda que él espera que seas uno con él y no diferente a él. No es que esto esté bien. No es que tenga sentido, pero es así como funciona su manera de pensar. El reacciona y ataca a los que son o piensan diferente a él.

- **Ten cuidado:** Lucha por tu seguridad.

Como mencione anteriormente, el lidiar con este arbitrario y opresivo individuo en cualquier circunstancia requiere un corazón valiente, inteligente y toda la ayuda que puedas recibir de Dios. He encontrado las siguientes reglas importantes para recordar y practicar.

II —Las Tres Reglas en la Vida

Primer regla: "No Deberás Adorar a Nadie Más"
No sitúes al *opresor* en el lugar de la Fuerza Universal Todopoderosa. En el momento que lo adoras, le estas dando el poder para destruirte. ¿Les darías perlas a los cerdos? Espero que no. Recuerda que no podemos culpar a los cerdos por destruirlas. Los cerdos no saben del valor de las perlas, su naturaleza es destruirlas. No tienen apreciación por ellas. Por otra parte, es tu responsabilidad proteger las perlas y cuidar de ellas. En este caso, las perlas son tu persona. Además, no es sabio depender totalmente de alguien más para satisfacer nuestras necesidades. Algunas personas pueden ser tan frágiles como una figura de arcilla, la cual está destinada a quebrarse tarde que temprano. Confía y depende completamente de esa ilimitada Fuerza Todopoderosa que existe dentro de ti para sentirte amado y protegido. Sé inteligente.

Segunda regla: "Trata a los Demás de la Manera que Tú Quieres Ser Tratado".
Usa la fuerza del amor y del perdón. Una vez que entiendes la ignorancia y egoísmo de tu oponente, lo

cual está motivando su comportamiento, lo perdonarás; pero también recuerda su naturaleza. De este modo serás capaz de reconocer y no caer en esta trampa otra vez. El perdón es la actitud de un individuo fuerte y sano que rehúsa involucrarse en tentadoras e innecesarias batallas de ira y resentimiento. En su lugar elige funcionar de la manera más poderosa, amorosa y creativa. Hay poder en el perdón...Perdona.

Tercer Regla: "Nunca Olvides Quien Eres Realmente".
Si las cosas se vienen abajo y te sientes cansada, sólo recuerda quien eres tú realmente. Se te ha dado el poder de pensar, el poder de crear, el poder de razonar y el poder de elegir. Este regalo se te ha dado por gracia divina, no por el hombre. Estas hecho a la imagen del Todopoderoso y es tu derecho y responsabilidad el funcionar a este nivel. Reestablece y mantén contacto con tu verdadero ser interior. Permite que la divina sabiduría dentro de ti te guie y ayude para hacer lo que necesitas. Llama a la Fuerza Divina para que te guie y te de lo necesario para triunfar en la vida. Serás escuchado y tu energía será restaurada. Serás testigo de su divino poder. Siempre recuerda quien eres en realidad.

La libertad para ver y ser quien realmente eres es el más grandioso regalo que se nos ha dado por Gracia Divina. Nos pertenece por derecho divino y humano. Sólo necesitamos reclamarlo, y no está fuera de nuestro alcance. No es un sueño; es una realidad. Para ejercer esta libertad hay que ser valiente y tener fe en sí mismo. Este es un sendero maravilloso que no lo camina la mayoría sino los pocos. No es un sendero fácil, pero vale la pena vivirlo. Este sendero de libertad no es sólo para los santos, los puros o los elegidos. Este sendero es también para los valientes de corazón, como tú que te comprometes al gran reto de la vida el cual consiste en vivir desde lo más profundo de tu corazón y proteger lo que realmente importa —tú.

Conoce Tus Debilidades

Bajo la influencia de fuertes sentimientos somos fácilmente controlados.
—Aristóteles

¿Cuál es tu mayor temor?

¿Que está causando que vivas con temor? ¿Qué está causando que te sientas cansada, confundida, culpable y tal vez sin esperanza? ¿Qué te hace pensar que no tienes control sobre tu vida? ¿Qué te dices a ti misma que te hace sentirte sin esperanza?

Lo que sea que te esté manteniendo con temor, está haciéndote sentir frágil y sin esperanza, y debe ser identificado. El negar, justificar o huir de estos sentimientos no ayudará. Esto solamente incrementará el temor y te causará más sufrimiento. Mientras más lo ignores, más grande será. Mientras más pronto lo enfrentes, más pronto desaparecerá. Necesitas darte cuenta de lo que es y reconocerlo. El culpar, criticar o sentirse culpable solamente distraerá y agotará tu energía. ¿A que le temes realmente? ¿Es el temor a fracasar? ¿Es el temor a estar solo? ¿Temes por el bien de tus hijos? ¿Temes perder tu apoyo económico?

Cualquiera que sea tu miedo, necesitas reconocerlo.

Cuestiónate: ¿Qué es lo peor que puede suceder? Una vez que identifiques el mayor de tus miedos, busca soluciones o alternativas para resolverlo. No te aferres al temor o duda de "qué pasaría si...". Haz un plan que funcione para ti y llévalo a cabo.
Cuando experimentamos miedo nuestro cuerpo automáticamente se prepara para protegerse. El ignorar o negar las señales de autoprotección y elegir permanecer bajo temor, causa un gran nivel de tensión el cual es sumamente perjudicial para nuestra salud. Esto crea un dolor físico y emocional el cual puede llevarnos a un comportamiento compulsivo y adictivo. ¿Por qué? Porque el miedo es una de nuestras más fuertes emociones. Una vez desencadenado, requiere de otra emoción igual o más fuerte para poder superarlo. El abuso de sustancias como alcohol, drogas, etc., así como el comportamiento impulsivo nos brinda un falso sentido de alivio. Sólo nos da un alivio temporal para nuestro dolor emocional. Es una espiral seductora que lentamente nos lleva a la autodestrucción.
Para complicar las cosas, corporaciones farmacéuticas perpetuán la ilusión de alivio temporal con medicinas de acción rápida para hacernos sentir bien. Al hacernos dependientes de estas sustancias, terminamos perdiendo el control. Vivir bajo el miedo no solamente es tóxico y perjudicial para nuestra salud, sino que también frecuentemente atrae caos y tragedia.
Recuerda —nada es, hasta que tú pienses que es. Para que cualquier cosa exista tú debes creerlo y crearlo en tu mente. Mientras más creas en tu miedo, más débil y vulnerable te volverás. No importa qué creencias y circunstancias te hayan llevado hacia el sendero de dolor y tristeza, es tiempo de despertar tu fortaleza interna y recuperar el control de tu vida. Puede ser difícil al principio,

pero no imposible. Puede que tome un poco más de tiempo, pero lo lograrás. No claudiques. ¡No temas! Lo peor que puedes hacer es rendirte y no intentarlo. Mantén la esperanza en tu corazón —encontrarás el camino.

Rosa María: Una sobreviviente de abuso

Rosa María era una atractiva e inteligente mujer de treinta y cuatro años que había estado casada con David por más de 7 años. Ella era una esposa amorosa y una madre cariñosa de dos hijos de dos y cinco años de edad. Cuando Rosa María vino a verme, ella se sentía muy deprimida y sin esperanza.

A pesar de que había tomado alta dosis de medicamento siquiátrico para su depresión, Rosa continuaba severamente deprimida por no ser una "buena" esposa. Mientras más trataba de razonar las cosas con David, su esposo, más la culpaba arbitrariamente de todo lo que acontecía. Ella sentía que caía más y más en depresión y temía volverse "loca". Rosa María amaba a su esposo, para ella era difícil ver en él su comportamiento manipulativo y abusivo. Debido a que dependía totalmente del apoyo económico y emocional de David, ella temía por su futuro y el bienestar de sus hijos. Una vez que Rosa María se encontraba en tratamiento sicológico, atendió al Programa Víctimas de Abuso y recibió apoyo y educación para estar en control de su vida de nuevo. La última vez que vi a Rosa María, era una orgullosa y muy feliz madre que había empezado un pequeño negocio de joyería en casa. Estaba muy emocionada por lo que estaba sucediendo en su vida, y con una sonrisa en su cara, orgullosa me mostró una cadena de oro con dos preciosos encantos colgando cerca de su corazón. Estos encantos eran dos figuras de niños pequeños —sus hijos. Ellos le dieron la fuerza y pasión para valerse por sí misma, y para luchar por su vida. No necesito decir que Rosa María ya no requiere más medicina siquiátrica. Aunque aún seguía casada con David, vivían en hogares separados. David estaba recibiendo asesoría psicológica profesional.

Sitúate en una Posición de Poder

Pienso, luego existo.

—Descartes

I—Domina tu manera de pensar
II—Domina tus emociones

Nuestra manera de pensar determina cómo nos sentimos. No es lo que nos sucede, sino cómo interpretamos lo que nos sucede que determina como nos sentimos y respondemos a los eventos en la vida. Considera esto: el embarazo es un evento que puede tener diferentes significados para la mujer. El significado que va a asociar con este evento está directamente relacionado con lo que significa para ella. Si una mujer piensa que estar embarazada es una bendición, ella se sentirá feliz. Si piensa que el estar embarazada interrumpirá los planes que tiene en la vida, ella se sentirá triste. El evento es el mismo —su respuesta está basada en lo que significa para ella.

Nuestra manera de pensar tiene un increíble poder para hacernos sentir bien o mal en la vida. Explorar y darnos cuenta de este proceso puede tomar mucho tiempo, pero podría mejorar increíblemente nuestra vida. Para aquellos que necesitan hacer cambios rápidos en su vida, este libro ofrece caminos cortos para incrementar nuestro control. Esto se logra reconociendo el efecto que tienen nuestras emociones y decidiendo qué emociones son mejor para ayudarte a obtener lo que deseas. Por ejemplo: ¿Cómo puede ayudarte o perjudicar el estar enojada? ¿Cuáles son las consecuencias negativas o positivas de sentirse deprimida? ¿Qué es lo que te hacen el coraje y el resentimiento? ¿El sentirte enojada te ayuda a obtener lo que quieres? Si decides que el sentirte enojada no es bueno para ti, entonces debes enfocar tu atención en aquella emoción positiva que quieres sentir, como la aceptación, alegría o felicidad.

Nuestro poder real y libertad reside en nuestra habilidad para elegir responsablemente como pensar y tomar decisiones por nuestra propia cuenta. No es que no tengamos control de nuestra vida, simplemente no nos damos el tiempo para detenernos y pensar en que es lo que realmente es mejor para nosotros. Consecuentemente, tendemos a reaccionar impulsivamente, sintiendo y expresando emociones que frecuentemente son perjudiciales para uno mismo y los que nos rodean. Es una ilusión creer que nuestra vida no está bajo nuestro control.

Nos situamos en una posición de poder eligiendo sentir emociones positivas que a su vez nos darán un estado emocional positivo, una sensación de bienestar, como amor, auto-aceptación y confianza. Cuando hacemos esto, nos sentimos fuertes, felices y en armonía. Por otro lado, el impulso que nos lleva a la ira, odio y resentimiento sólo nos va a lastimar, y nos dejará agotados y débiles. Estas emociones negativas son seductoras e impulsivas ya que a menudo nos conducen a perder el control de nuestra vida.

Recuerda, los pensamientos negativos nos conducen a acciones negativas. Por consiguiente, debemos elegir nuestros pensamientos cuidadosamente, ya que son la semilla de todas nuestras acciones y sentimientos. Si cambias tus pensamientos y expectativas de donde te encuentras en la vida, o lo que puedas esperar de ti y de los demás, cambiaras tus sentimientos acerca de ello también. Por ejemplo, si piensas que no eres "suficientemente buena" te sentirás triste, frustrada y enojada. Si eliges pensar que eres "suficientemente buena" y te aprecias, entonces te sentirás bien contigo misma. Te sentirás amada y confiaras en ti para dirigir tu vida.

Esto es sin duda, el cambio más poderoso —**auto-aceptación y auto-aprobación. Eres suficientemente buena para ser amada y respetada.** Esta aceptación es tu privilegio y tiene el poder de negar las falsas y negativas imágenes que hubieses creído sobre ti. No tienes que estar a la merced de pensamientos negativos y sentimientos de temor que hacen una vida miserable.

Tú tienes la opción. Toma el mando de tu vida, adquiriendo el control de tus pensamientos y sentimientos.

A medida que vamos descubriendo el poder de nuestra divina naturaleza, el potencial ilimitado que poseemos, usamos nuestra mente creativa para enfocarnos y manifestar lo que realmente queremos en la vida. Hacemos esto al elegir nuestra manera de pensar y experiencias en la vida. Es nuestro privilegio y responsabilidad personal el decidir cómo vamos a vivir nuestra vida, nuestro destino. Recuerda, puedes ser despojada de todo, excepto de tu fuerza interior. Sólo tú puedes renunciar a ello. ¡No renuncies!

Es un hecho que no podemos cambiar nuestro pasado, tampoco podemos predecir nuestro futuro, pero si podemos prepararnos y triunfar en la vida. Al momento que te preparas, comienzas a incrementar tu poder practicando los siguientes pasos:

1. Reúsa a cualquier pensamiento o sentimiento que debilite y reduzca tu fortaleza interna. Los pensa-

mientos negativos están destinados a hacerte sentir débil y sin esperanza. Son como ladrones, esperando la oportunidad para colarse y disminuir nuestra energía vital. Tan justificadas como estas emociones puedan ser y tan dolorosas como son, simplemente no ayudan. Son muy costosas y drenan tu energía por completo hasta el punto de ser letal para tu salud. Necesitas alejarte de estos pensamientos y cambiarlos por positivos. Esto se logra reconociendo los efectos negativos que traen a tu vida.

PENSAMIENTOS DEBILES (Negativo-Baja frecuencia)	PENSAMIENTOS FUERTES (Positivo-Alta frecuencia)
Temor	Confianza
Desesperanza	Esperanza
Ira — Enojo	Compasión
Resentimiento	Perdón
Odio	Amor
Culpa	Responsabilidad
Vergüenza	Auto-aceptación
Vacío	Propósito
Duda de si mismo	Auto Seguridad

A medida que enfocas tu mente en pensamientos positivos, te iras convirtiendo en una persona con más auto-confianza y fortaleza interna. Puedes hacer esto tomando el tiempo para escribir algunas de tus cualidades y decírtelas todos los días mientras las reflexionas, por ejemplo: "Yo me amo", "Yo soy bastante buena". Si te gusta cantar, ¡canta! El Cantar ayuda a remover los pensamientos negativos y a elevar el espíritu. Aléjate de personas que insistan en compartir sus constantes canciones o pensamientos de resentimiento, ira y envidia. Si alguien dice "no hay nada porque estar contentos" o cuando te critiquen y desalienten —sonríe, respira profundo y canta tu canción de amor. Esta es tu vida. Tú creas y eres dueña de cada momento. Nadie tiene derecho de destruir tus sentimientos y nadie puede hacerlo. Mantén tu poder.

> *Ve lo que ves*
> *Escucha lo que escuchas*
> *Evita cualquier y toda especulación*
> *No juzgues...mantente en quieta armonía*

2. Reúsa a mantener toda creencia que disminuya la confianza en ti misma, como el creer que no vales la pena y que no tienes lo que necesitas para ello. Estos pensamientos negativos tienen la intención de confundirte y hacerte sentir insegura. Considera las siguientes sugerencias para incrementar tu fuerza interna:
   a) Agudiza tus sentidos —**observa.** No te confundas. Las acciones hablan por sí solas. Lo importante no es lo que el *opresor* diga o dicte sino lo que tú decidas creer.
   b) Enfoca tu atención en lo que ves. No justifiques su comportamiento.
   c) Confía en tu sentido intuitivo. Confía en ti.

3. No temas. El temor paraliza al razonamiento. Acepta tu peor temor y supéralo. Frecuentemente este temor se basa en la percepción errónea de que el *opresor*

tiene todo el poder para darte o negarte lo que necesitas. Es posible que el opresor tenga algo de poder —pero no tiene poder absoluto para satisfacer todas tus necesidades. Nadie lo tiene y nadie puede. Solamente tú tienes el potencial y el poder para hacerlo. Tú puedes.

4. Deja de creer que no hay solución. Esto crea un sentimiento de temor y desesperanza. Te deja cansada, fatigada e impotente. Incrementa el poder de tu oponente sobre ti. Eso es exactamente lo que él desea que creas. No estas atrapada sin esperanza — esto es temporal. Esta experiencia es sólo parte del entrenamiento en la vida.

5. ¿Te sientes enojada a veces? Date cuenta que solamente te lastimas al enojarte y él está obteniendo lo que quiere. Al enojarte, él controla tus emociones, y por consecuencia, te controla. Obsérvalo, no reacciones. Como una mujer sabia y valiente dijo, "Gracias a Dios, a los escorpiones no se les dieron alas, así que sólo te pueden picar mientras estás en la tierra". Se inteligente. No te bajes a su nivel e ignóralo.

6. ¿Te sientes triste porque no eres suficientemente buena? El hecho de que él no reconozca lo importante y valiosa que eres, no quiere decir que no lo seas. No decaigas por ello. El no es capaz de ser sensitivo a tus deseos y necesidades ya que carece de la habilidad de expresar empatía. Esta es una de sus incapacidades mentales y emocionales. ¿Sería realista esperar que un individuo cojo camine derecho? Por supuesto que

no. Es importante tener expectativas realistas para mantener nuestro control. Por lo tanto, deja de esperar lo que él no puede dar.

7. ¿Temes haber fracasado? No has fracasado. No hay fracaso en la vida si aprendes. Estas aprendiendo una de las lecciones más dolorosas. Te estas despojando de los lentes que te hacían ver la vida de color de rosa para finalmente ver el mundo real. Perdemos nuestra ingenuidad a medida que nos convertimos en una persona más fuerte y madura. Esta es la oportunidad para aprender y hacer las cosas de manera inteligente. Al final, no hay pérdida sino meramente ganancia. Tienes un corazón valiente y triunfarás.

8. ¿Deberías perdonar? Perdonar no es un signo de debilidad. Es un signo de fortaleza. Decides perdonar porque reúsas cargar el peso del resentimiento. Cuando elijes no perdonar, eliges cargar el odio y resentimiento lo cual contamina y envenena tu vida.

¿Por qué este individuo necesita lastimarte? Porque está en su naturaleza el reaccionar así. ¿Por qué? Porque está programado para hacerlo. Esta creado de esa manera. Te estarás preguntando: ¿Puedo cambiarlo? ¿Puedo besar al sapo y convertirlo en príncipe? La respuesta está en ti. El capítulo II y III describen los pasos para ayudarte a reconstruir tu fuerza interior y cambiar las cosas a tu alrededor. El capítulo IV te ayudará a utilizar la máxima facultad de transformación. Es tu decisión el tratar de persuadirlo para que cambie. En ese momento, sería importante que evalúes cuidadosamente tus circunstancias en particular y el grado de disfunción de tu oponente. El abuso emocional no debe ser justificado o pasado por alto. Considera consultar a un profesional para evaluar el nivel de riesgo y alternativas. Recuerda, no podemos cambiar a nadie. Sólo podemos persuadirlos en nuestra dirección.

Nunca Subestimes a tu Oponente

Nunca subestimes a tu oponente. La mayoría de las batallas se han perdido por asumir que todo está bien y por confiarse. Recuerda que la naturaleza de tu oponente es muy emocional. Por lo tanto, él es susceptible a cambios abruptos ya sea que lo provoquen o no. Las siguientes sugerencias te ayudarán a estar alerta y al frente del juego:

1. Mantén la atención en tu oponente. Observa sus acciones y protégete. Su percepción de la realidad puede ser fácilmente distorsionada por su pensamiento negativo lo cual puede desencadenar una viciosa reacción de ataque contra ti. Debes estar preparada. Considera un lugar seguro para tus documentos importantes.

2. Mantente cerca de tu oponente. Se cortés y agradable con él. Debido a su mente conflictiva y su inestabilidad emocional, es importante saber lo que él piensa. No asumas que es lo que hará o dirá. Nunca lo subestimes.

3. Si te encuentras en problema por desobedecer sus órdenes arbitrarias, discúlpate de inmediato. Preséntalo como si no hubiera sido tu intención. La tendencia humana es la de dar el beneficio de la duda. Debes considerar utilizar este beneficio

para evadir conflictos innecesarios.

4. No admitas tus planes o logros. Tan tentador como esto pueda ser, no lo admitas. Esto puede desencadenar su naturaleza competitiva contra ti. Presenta tu éxito como una cuestión de suerte o un simple accidente. Preséntalo como que "solo pasó".

5. No lo confrontes. Por naturaleza, tu oponente no puede aceptar la realidad. Su percepción es limitada y restringida. Sé considerada y comprende sus limitaciones intrínsecas. Además, la confrontación puede tener consecuencias muy desagradables para ti. La vida tiene su propia manera de traer enemigos, no necesitamos crear más.

6. Si estás en peligro, escucha tus instintos básicos para tu autopreservación. No niegues, no justifiques su conducta. Consigue ayuda inmediata. ¡Siempre protégete!

III
Despertando Tu Fuerza Interior

Más Allá del Condicionamiento Social

El chimpancé imita lo que ve.

¿Cómo podemos triunfar en un mundo incierto y a veces confuso sin volvernos cínicos y resentidos? ¿Cómo podemos mantener nuestra integridad y principios morales? ¿Cómo podemos triunfar sin perder lo que realmente es importante en la vida?

Debido a que nuestra sociedad sigue prometiendo felicidad al final del camino, nosotros respondemos y seguimos obedientemente el modelo de éxito material que se nos presenta. Acumulamos bienes materiales, títulos, y posiciones de prestigio para probar a los demás que estamos triunfando. Si nos rehusamos a seguir este modelo de éxito material, entonces fácilmente podríamos ser percibidos como fracasados.

Al perseguir este modelo de felicidad a través del alcance del éxito material, frecuentemente encontramos que solo estábamos persiguiendo una falsa ilusión.

Mientras más seguimos esta ilusión, más nos alejamos de la felicidad. Mientras más cosas materiales acumulamos, más cosas queremos. Al poco tiempo, nos sentimos avergonzados de nosotros mismos, por no poseer los símbolos de triunfo y éxito material dictados por la sociedad. El sentirnos avergonzados por no ser "suficientemente buenos" para triunfar en esta sociedad nos mantiene presos en un autodestructivo círculo sin final.

A medida que nuestra sociedad se vuelve más materialista, nuestras metas personales se vuelven artificiales, y nuestras reglas sociales y roles se hacen más confusas. Expresiones comunes como "todos lo hacen" y "a quien le importa" tienden a prevalecer y manejar nuestra vida. En esta confusión sólo nos queda recurrir a la información usualmente controlada por los medios de comunicación, un libro específico, o el consejo de alguien con autoridad para decirnos como resolverlo.

Sin embargo, aunque aprendemos los conceptos y teorías "correctas", terminamos con familias destruidas. Pudiera esto indicar que tal vez estamos confiando demasiado en nuestro intelecto y la forma "correcta" de actuar; pudiera ser que ya es tiempo de dejar de escuchar lo que los expertos dicen, y empezar a confiar en nuestra propia sabiduría intuitiva para dirigir nuestra vida.

No es sabio depender totalmente de los demás para lograr la felicidad y el éxito. En realidad, esta es tu propia responsabilidad. Tu poder reside justo aquí y ahora. Utiliza tu pensamiento conscientemente, toma tiempo para reflexionar y tomar decisiones por ti mismo. Date cuenta del poder que tienes. Nuestro potencial para razonar nos evita convertirnos en un ser complaciente, y a no ser parte de una sociedad complaciente en la que todo va y donde las consecuencias son pocas.

Es fácil no tomar responsabilidad de nuestros actos utilizando la excusa de ser flexible o tolerante y de que todo es relativo. Es necesario tomar el mando de nuestra vida y no permitir que otros decidan por nosotros. Los tiempos llaman por el despertar y revivir de nuestra fuerza interior. Toma el mando. Acepta el cambio por una vida mejor y domina una nueva manera de pensar.

Cuando elegimos por nosotros mismos nuestros valores y creencias, tomamos control de nuestra vida. Debemos ver por lo que hay en el fondo de nuestro corazón y lo que verdaderamente es importante para nuestro bien y el de nuestras familias. Es necesario hacer contacto con nuestra fuerza interior y sabiduría para tomar control inmediato de nuestro destino.

Al tomar esta responsabilidad, nos convertimos en personas determinadas y comprometidas a triunfar en la vida. Tomar el control de nuestra vida es nuestro derecho y privilegio. Esto nos permite protegernos de aquellos que quieran tomar ventaja. Es por eso que tenemos ojos para ver, oídos para oír y una mente para razonar. Es nuestro deber tomar esta responsabilidad. Así como también guiar y proteger a nuestros hijos y familia de aquellos quienes insisten someter a otros a su ignorante control y deseos egocentristas.

Podemos elegir crear y realizar nuestro propio modelo de verdadero éxito y optar por no seguir un modelo falso e irreal. Creamos un modelo real cuando hacemos lo que es correcto y no solo beneficia a uno o algunos pocos, sino a todos los involucrados. Siendo el *opresor* un individuo, grupo social o una cultura que dicta qué hacer o que traer puesto, es nuestra responsabilidad y derecho humano despertar del sueño del condicionamiento social, es decir, dejar de seguir imitando a los demás y no continuar haciendo lo que el chimpancé hace, *"el chimpancé imita lo que ve"*.

Definiendo el Propósito de tu Vida

*Podrían quitarme todo – Pero nunca podrán
quitarme mi alma, mi mente, mi espíritu.*

Toda mujer ha sido llamada para ser líder. Es por eso que se le ha elegido para el milagro de dar vida. Su atención a los detalles, su capacidad para cuidar de los demás, y su habilidad para enfocarse en múltiples tareas son algunas de las características que la hacen sensitiva a lo desconocido. Su ser intuitivo y la sabiduría ancestral, están profundamente arraigadas dentro de ella. Continúa llevando a la raza humana a evolucionar y trascender. Ella está para guiar a otros de tal forma que puedan navegar exitosamente a través de la vida. No debe ser abusada o forzada a vivir en la obscuridad o bajo temor. Ella está aquí para existir libremente. Está aquí para ver, oír, tocar y sentir la esencia de vivir plenamente sin el temor de retribución.

¿Cómo esperamos que la mujer enseñe y prepare a sus hijos quienes serán los líderes del mañana si no la reconocemos y apoyamos? ¿Cómo puede una mujer dirigir a otros cuando se espera que reprima sus sentimientos, finja felicidad, y obedezca a su *opresor* por el bien de sus hijos? Si éste es el caso, ¿Qué es lo que le queda entonces? No le queda nada más que una profunda pena y el anhelo por regresar a su origen donde podrá descansar para siempre.
Para complicar las cosas, frecuentemente la mujer también es

llamada a participar en el mundo laboral donde se ve envuelta en el conflicto de elegir entre su rol como mujer de hogar y su rol en el mundo empresarial. ¡Este es un gran Reto!

Sin embargo, la mujer tiene una capacidad increíble para adaptarse. A través de la historia, ha demostrado ser líder natural. Ha protegido y guiado a nuestras familias quienes son el centro de nuestra sociedad. Su instinto maternal de cuidar y proteger a otros ha asegurado nuestra supervivencia. Este instinto de protección crea una relación saludable la cual es necesaria para el bienestar de las futuras generaciones. Es leal y trabajadora. Ante el peligro, protegerá ferozmente su nido.

Este instinto natural ha llevado a la mujer a dedicar su vida para el bienestar de la familia. Es quien se esfuerza en ver que se satisfagan las necesidades de la familia primeramente, incluso antes de sus propias necesidades. Por su amoroso esfuerzo y compromiso, nuestras familias han prevalecido y han forjado el camino para la evolución de nuestra sociedad.

No obstante, cuando la mujer participa en el mundo laboral, hay un precio que pagar. El precio es frecuentemente la destrucción de la unidad familiar. Es tiempo de reconocer las consecuencias de este movimiento en nuestra sociedad. Cuando la mujer trabaja más fuera de casa, pasa menos tiempo con sus hijos. A pesar de que hay más bienes materiales en casa nuestros hijos son dejados sin un modelo humano positivo. Los niños hoy en día son influenciados por la Madre Televisión. Este modelo substituto frecuentemente trae una imagen de violencia, promiscuidad sexual, falta de respeto y vulgaridad a nuestro hogar. Esto tiene un impacto negativo y destructivo en la mente de los niños y en nuestra sociedad.

A medida que la estructura familiar continúa debilitándose, las nuevas generaciones se hacen más vulnerables. No están siendo preparados para lidiar con el mundo real, sino erróneamente conducidos y mal informados. Por lo tanto, se convierten en víctimas fáciles para tomar ventaja de ellos. Nuestro sistema está fallando, tenemos más familias destruidas, una decadencia en valores morales y un incremento en la violencia.

Estos síntomas de una sociedad desmoronándose es nuestro origen que reclama ser despertado. La velocidad del cambio en nuestra sociedad es demasiado rápida para seguir utilizando las mismas estrategias infructuosas para afrontar la vida. Al negar esta realidad, nos situamos en un camino peligroso. Tenemos el don de la razón para pensar y reflexionar, así como ojos para ver la realidad. De tal manera que podemos guiar exitosamente a nuestros hijos y familias. Podemos ayudar en hacer de este mundo un mundo mejor.

No estoy sugiriendo abandonar la relación, cambiar de trabajo o mudarse a otro lugar, sino decidir y definir nuestras prioridades por nosotros mismos.

Después de un largo tiempo de vivir la vida complaciendo a otros e ignorando lo que realmente necesitamos, nuestra energía física y emocional se ve empobrecida. Consecuentemente, perdemos la conexión con nuestro verdadero ser, nuestra fuerza interior.

¿Cuál es tu propósito en la vida? ¿Por qué estás aquí? ¿Qué es lo que realmente quieres de la vida y porque? ¿Cuáles son tus razones para vivir? ¿Qué te hace sentir feliz? Escucha y cree en ti misma. Encontrarás la manera de hacerlo aferrándote a tu pasión la cual es el propósito en tu vida. Recuerda, tú tienes el poder para influenciar y crear tu futuro.

La libertad para ver y ser quien realmente somos es el

más grande don que se nos ha dado. Requiere valor, fe y confianza en si mismo para ejercer este don de libertad. Recuerda, tener verdadero valor es poder enfrentar nuestros temores. Tener valor es tener la certeza de que nuestras creencias y convicciones son más importantes que lo que tememos. Nuestras convicciones y valores no significan nada si no actuamos en ellas. Aferrándonos a nuestras convicciones y actuando congruentemente con estos valores, encontramos el poder para crear lo que queremos en la vida. Por ello, es necesario comprometerse a restablecer el contacto consigo mismo y reencontrar el verdadero propósito en nuestra vida.

Haz un Plan que Funcione para Ti

Las decisiones que tomes hoy van a influenciar y determinar tu vida el día de mañana.

Con el fin de triunfar en la vida, es necesario ser claros en lo que queremos y tener un plan de acción que nos dé resultado. Este plan debe incluir nuestras metas y los pasos que debemos tomar para lograr el éxito.

A medida que vamos creciendo y madurando, nuestra percepción y entendimiento de este mundo va cambiando. Nuestra dirección y prioridades en la vida se aclaran. Un nuevo sentimiento de libertad se desarrolla y nuestro poder personal despierta para vivir la vida como nosotros la diseñemos. Nos damos cuenta de que no todas las decisiones tomadas en el pasado son para siempre. Algunas de estas decisiones estaban basadas en expectativas irrealistas. Consecuentemente, nuestra vida no es satisfactoria. Como resultado, necesitamos hacer una nueva evaluación de nuestra vida y crear un plan más realista. Es importante que desarrollemos este plan de acción con pasos a seguir específicamente, esto nos irá dando un nuevo sentido de dirección y fuerza. No podemos cambiar nuestra ruta si no tenemos un mapa del camino. ¿Cuáles son tus metas en la vida? ¿Qué te gustaría ver que sucediera? Imagina la vida como un lienzo en el cual puedes pintar. Tú decides que pintar. Tú decides los colores con los que quieres permear tu vida, con los cuales tú te atreves a vivir. Este es el plan para tu obra de arte, el plan para tu vida.

Debido a que frecuentemente hemos aprendido a depender de otros para satisfacer nuestras necesidades físicas y emocionales, a veces encontramos que no siempre obtenemos lo que esperábamos. Esto nos puede dejar sintiéndonos lastimados y a veces traicionados. Nos percatamos de que nuestros deseos no se harán fácilmente realidad. ¿Por qué? Porque las necesidades de quienes dependemos se satisfacen primero, o bien, son incapaces de ser sensitivos a nuestras necesidades. ¿Piensas que esto no es justo? La vida no es justa. La justicia es un concepto y es subjetivo a la interpretación individual que cada uno le dé. En otras palabras, ser justo depende de lo que cada persona crea, lo que es justo para ti puede no ser justo para los demás y viceversa. Por lo tanto, la gente no necesariamente hace lo que esperamos que hagan, sino lo que ellos quieren hacer.

Una de las transiciones más difíciles en la vida es luchar por ser independiente, ya que requiere que examinemos de qué forma somos dependientes de otros, en lo emocional y en lo económico. Si dependemos de otros para sentirnos amados y apreciados, debemos darnos cuenta de que no siempre nos sentiremos amados, en otras palabras, nuestro vaso no siempre estará lleno. ¿Por qué? porque tal vez los demás no tengan la habilidad o capacidad para satisfacer nuestras necesidades emocionales. Es por ello que debemos aprender a amarnos y cuidar de nosotros mismos. Haciendo esto, nuestro vaso siempre estará lleno. Si dependemos económicamente de alguien, necesitamos prepararnos para lograr nuestra independencia económica; ya sea el regresar a la escuela, empezar nuestro propio negocio o invertir. Es sabio prepararnos para ser independientes.

Aun cuando alguien, en algún lugar, algún día pueda venir a cuidar de nosotros y protegernos por completo. Al final de cuentas, nuestra felicidad y bienestar es nuestra responsabilidad personal.

Lo siguiente son algunos puntos a considerar en tu plan:
1. Establece una buena relación expresando:
   a) Similitudes físicas y emocionales.
   b) Acuerdo inmediato.
2. Planea tu estrategia:
   a) Únete a tu oponente.
   b) Aprende a dirigir tus emociones. Elige las más positivas.
   c) Haz un plan para educarte y prepararte.
3. Mantén un profundo entendimiento de las dinámicas emocionales que están siendo empleadas:
   a) Participa en el juego con inteligencia.
   b) Si decides irte, prepárate y haz un plan para salir exitosamente.
4. Se clara en lo que quieres:
   a) Mantén tu mente enfocada en tus metas. Mantén tu balance interior y fortaleza protegiendo y cuidando de ti misma.

Tal vez te preguntarás, ¿Cambiara algún día? Si luce como un príncipe, habla como un príncipe, ¿Es él un príncipe? Sentirnos ambivalentes es una experiencia común en la vida. La decisión de permanecer o dejar una relación es decisión personal. Todo depende de ti, y del riesgo que quieras tomar. Es tu derecho terminar la relación. Sin embargo, es también tu derecho el decidir permanecer en una situación "segura" y no perturbar tu estabilidad emocional y económica. Cualquiera que sea tu decisión en este momento, ya no eres una víctima. Tú tienes opciones en la vida. No debes conformarte con menos de lo que puedes lograr para ser feliz.

Al tomar tu decisión, no permitas que nadie decida por ti. El valor para tomar nuestras propias decisiones en la vida es atributo de un individuo inteligente y saludable. Algunas veces no necesitamos cambiar nuestra situación; a veces todo lo que necesitamos hacer es cambiar nuestra manera de pensar y estrategias para poder lidiar exitosamente con la vida.

Cuando creamos un plan para triunfar, es importante identificar las metas y los pasos en particular que debemos tomar. Se específica al establecer tus metas y define el tiempo para lograrlas. Esto te ayudará a mantener la dirección y lograr tu objetivo. Mantén en mente que hasta el más pequeño paso que tomes hoy puede hacer una gran diferencia el día de mañana. Busca buenos modelos a tu alrededor. ¿A quién admiras? ¿Quién está haciendo lo que te gustaría lograr? ¿Cómo lo está haciendo? Busca y pide ayuda. Puede ser un buen amigo, un grupo o una organización de apoyo. Pudiera ser, incluso considerar ayuda profesional. La base del éxito es la persistencia. Rendirse no es una opción. Recuerda, tu verdadera felicidad está en juego. Planea y haz que suceda.

Enfócate—Mantén el Enfoque en Tu Meta

Muchos juegos se han perdido por confiarse demasiado, distraerse o confundirse. La intensión de tu oponente es que pierdas tu estabilidad emocional a través de controlar tu manera de sentir. El logra controlar tu vida y tu estado emocional haciéndote sentir triste, temerosa, enojada o confundida. Para contrarrestar su intención debes mantener la mente enfocada en tus metas y estrategias. Para ello es importante permanecer claro en lo que realmente queremos lograr. ¿Qué es lo que te gustaría que sucediera? ¿Qué es lo que quieres lograr? Si tus sueños se volviesen realidad, ¿Qué sería diferente en tu vida?

Toma un momento para imaginar. Visualiza lo que realmente quieres y donde quieres estar. Crea un maravilloso pensamiento, un deseo ardiente para ver esta idea manifestada. Una vez creada en tu mente necesitas creer en ella con absoluta convicción. No hay lugar para la duda. Tú le das poder a estos pensamientos positivos al pensar y enfocarte en ellos cada día. Así tu fortaleza interna aumentará. Recuerda, nada es hasta que tú piensas que es.

Usa el poder de tu imaginación para enfocarte y añadir un fuerte deseo a estas imágenes para verlas manifestadas. La habilidad para enfocar tu mente reforzara tu poder personal a medida que te conectes con la energía creativa.

Debido a nuestra tendencia natural de cuidar de las necesidades de los demás, debemos evitar aceptar automáticamente todas las peticiones que se nos hagan. Selecciona, y reflexiona cuidadosamente los consejos y peticiones que recibas. Estas pueden ser hechas con buena intensión pero pudiesen distraerte, y por lo tanto sabotearían tus metas. ¡Reenfócate!

Conserva tu diálogo interior positivo. Puedes hacer esto haciendo diariamente afirmaciones positivas, por ejemplo: "Creo en mi" "Yo lo puedo hacer". Recuerda, pensamientos positivos nos llevan a realizar acciones positivas. Además, el poder y control de tus pensamientos y sentimientos se encuentra dentro de ti. No permitas que pensamientos de temor e imágenes negativas debiliten tu poder y desvíen tu buena intención.

Las siguientes estrategias te ayudaran a mantenerte en curso.

1. Observa—No confrontes.
2. Estudia a tu oponente. Utiliza las estrategias elegidas.
3. Enfócate en tener pensamientos y sentimientos positivos.
4. Crea un plan que funcione para ti y síguelo. Triunfarás.
5. Cuida y cree en ti. Actúa con determinación y confianza.

La Importancia de Cuidar de Ti

Vivir o convivir con alguien que reacciona abusivamente puede drenar totalmente nuestra energía emocional. Esto requiere que constantemente trabajemos en restaurar nuestro balance. Compartir nuestros sentimientos con los demás no es suficiente para sanar. Necesitamos darnos tiempo para cuidar de nosotros mismos.

Esto se logra al hacernos sentir amados y apreciados. Nos sentimos amados y apreciados cuando creemos en nosotros mismos, y nos tratamos de la manera en que trataríamos a nuestro mejor amigo. De esta manera, dejamos de depender o esperar que otra persona satisfaga nuestras necesidades. A medida que atendemos nuestras necesidades, nuestra energía se restablece.

El cuidar de nosotros mismos es crucial para conservar nuestro balance y fuerza interior mientras navegamos en la vida.

Para hacer contacto con nuestra sabiduría intuitiva, es importante tomar un tiempo para reflexionar. Recuerda, nadie puede hacerte feliz. Nuestra fuente de felicidad y bienestar no está dentro de los demás, esta sólo dentro de nosotros mismos. Aquí es donde necesitamos enfocar nuestra atención y dejar de buscar fuera de nosotros. Necesitamos dejar de buscar la aprobación y validación de los demás. Aunque sería deseable tener el amor y la aprobación de todos los demás, no es una necesidad absoluta. Además, seria completamente irrealista. Ya que, no importa que tan buenos seamos, siempre habrá alguien, en algún lugar, en algún momento, que no nos aprobará. ¿Por qué? Porque somos diferentes.

Date cuenta de que el hecho de cuidar de ti misma puede molestar a tu oponente ya que él no se sentirá necesitado. Hazlo de todas maneras. Aprovecha el hecho de que él te percibe como una persona débil y dependiente para justificar tu necesidad de tomar el tiempo para cuidar de ti.

Aunque nuestras relaciones con amigos, familia y pareja son importantes, estas no pueden ser la fuente absoluta de amor. Ya que están limitadas por naturaleza, y no pueden estar disponibles siempre. Esto es por lo cual necesitamos crear y depender de nuestra propia fuente de felicidad.

El amor es una fuente incondicional e ilimitada de energía. Sólo se puede experimentar cuando se da amor. No te prives de esto. Deja de esperar que otros te amen primero. Empieza dándote amor cuidando de ti misma y haciendo las cosas que te hacen sentir amada y apreciada. Llena tu tanque de energía cuidando de ti misma y terminarás dando más amor a los demás.

Me gusta utilizar la metáfora de que la vida es como un jardín. Al crear tu jardín, esto es lo que harías:

1. Selecciona el área donde vas a plantar tu jardín. *Haz tus propias decisiones en la vida.*
2. Prepara la tierra removiendo toda la maleza y las piedras. *Prepara tu mente removiendo los pensamientos y sentimientos negativos.*
3. Protege tu jardín del reino animal construyendo una cerca alrededor. Ellos no aprecian ni respetan las flores. *Protege tu paz mental estableciendo y demostrando límites saludables.*
4. En tu jardín, planta y cultiva flores a tu elección. *Planta y cultiva pensamientos positivos. Elige los más poderosos.*
5. Riega tus flores diariamente. No esperes que otros rieguen tus flores porque pueden olvidarlo y tus flores morirán. Este es tu jardín. *Toma tiempo para cuidar de ti diariamente. No dependas totalmente de que otros cuiden de ti porque a veces no sucederá y tu espíritu perdería la esperanza.*

Por naturaleza la mujer tiende a amar y cuidar a los demás. Lo cual frecuentemente la puede conducir al síndrome de la supermujer. Mientras más cosas hace, más se espera de ella; consecuentemente, es fácil que termine exhausta y sin tiempo para sí misma. Es apropiado y saludable tomar el tiempo para cuidar de nosotros mismos. Incluso la ética Cristiana indica que debes amar a tu prójimo como te amas a ti mismo; esto asume que debes amarte a ti misma primero.

Aunque la gente puede pedirte lo que desea, esto no quiere decir que debas hacerlo o aceptarlo. No te dejes envolver por la culpabilidad. Hay muchas formas de ser atento y aun así decir NO.

Las siguientes sugerencias pueden ayudar a mantener nuestro balance y prevenir la fatiga.

- Prioriza. Haz las cosas en orden de importancia.
- Delega. Distribuye responsabilidades a los demás.
- Supervisa. Alienta y permite que otros resuelvan sus necesidades. Reconoce su creatividad con palabras de apoyo.
- Administra tu tiempo. Planea un tiempo para cuidar de ti. No accedas inmediatamente a las peticiones de los demás, pregúntate cuanto tiempo quieres dar o pasar con esa persona o proyecto. Tú eres importante, por tanto, tu tiempo es importante también.
- Establece tus límites. Identifica y comunica tus necesidades y deseos. Está bien decir No.
- Es importante también desarrollar nuevas fuentes de apoyo y apreciación. Es esencial que podamos reconocer nuestra necesidad de apoyo social

buscando y rodeándonos de gente positiva. Observa a tu alrededor y encuentra este apoyo.

Los siguientes son algunos ejemplos para cuidar de sí mismo:
- Sal a dar una caminata solo por placer sin ningún destino en particular.
- Toma tiempo para hacer respiraciones profundas.
- Invítate a una gran cena.
- Regálate un masaje.
- Escucha tu música favorita.
- Conéctate con un buen amigo con el que hayas perdido contacto.
- Haz ejercicio o yoga.
- Hornea galletas solo para ti.
- Medita o haz oración.
- Pasea por la librería.
- Juega con algún animalito.
- Tomate un baño de espuma – prende las velas.
- Escribe en tu diario.
- Toma unas vacaciones
- Cómprate un regalo.
- Canta, baila..., etc.
- Usa tu creatividad. ¿Qué te haría sentir amada y apreciada? ¿Qué te haría sentir feliz? ¡Sólo hazlo!

IV

MANIFESTANDO TU VERDADERO PODER

Amor—El Poder de Transformación del Amor

Bendice a tu *enemigo* y lo despojaras de su poder.
Aunque muchos han tratado de cazarla, todos han fallado
Sus flechas se han transformado en bendiciones
Mientras ella continúa viajando libremente
A través del bosque abierto de la vida
Se encuentra anidándose y recreándose
En la fuerza del vasto Universo
Siempre transformándose, siempre convirtiéndose
—Autor

Para tomar el control de nuestra vida debemos aprender mejores maneras de lidiar con la existencia. Con el fin de crear y manifestar lo que queremos en nuestra vida debemos desarrollar y practicar una nueva manera de pensar.

Una mentalidad positiva y poderosa donde nuestras intenciones y acciones son claras y congruentes; sin dejar lugar a la duda. Esto se logra cuando tenemos la certeza de hacer lo correcto y para el beneficio de todos.

Amor

Mucho se ha dicho y escrito acerca del poder del amor. No obstante, pocos han elegido utilizarlo. A menudo, el amor se interpreta como débil y sentimental. Nada puede estar más lejos de la verdad. El amor no es débil. El amor no es una sensación. El amor no está ligado al egoísmo y deseo particular de un individuo. El amor es fortaleza. El amor es creativo. Amor es responsabilidad.

El amor es la energía más poderosa que podemos utilizar para transformarnos y transformar la vida de los demás, incluyendo a nuestros *enemigos*.

El amor es el nivel más alto de energía en el cual podemos funcionar en la vida. Es el resultado de una decisión consciente y responsable de convertirnos en participantes activos en el campo dinámico del amor. Esto requiere práctica y disciplina. Para alinearnos con esta poderosa energía debemos dejar ir nuestras improductivas maneras de pensar y conductas que nos alejan de vivir una vida creativa y plena.

En este capítulo encontrarás los pasos para remover esas maneras improductivas de pensar, esos patrones negativos e innecesarios. Entrarás en el poderoso campo de la energía del amor. Recuerda, el amor no puede ser contenido. Sólo puede ser compartido. Mientras más compartas y funciones en la dinámica energía del amor, más experimentarás los efectos de su energía en tu vida. Verás resultados extraordinarios.

Steve: Un verdadero líder.

Steve era un hombre inteligente de edad madura a principios de sus cincuentas. El vivía con Sara, su esposa, y sus cuatro hijos. Steve era un exitoso hombre de negocios, un líder en su comunidad y Maestro nivel 33 en una respetada Logia Masónica, lo cual era un alto logro espiritual. Sara era una esposa devota y madre dedicada quien se esforzaba por tener éxito en su matrimonio.

Cuando Sara vino a verme se sentía cansada, fatigada y tenía problemas para dormir. Ella no podía comprender por qué se sentía tan triste y quebró en llanto. Temía no ser una "buena esposa y madre" ya que no era capaz de cumplir con las demandas de su esposo. Steve era un hombre brillante que "siempre" sabía lo que era "correcto" y reprendía a Sara y a sus hijos cada vez que cometían un error, casi todos los días.

Sara amaba a su esposo, ella quería hacerlo feliz. Cuando conocí a Steve, él no tenía idea del impacto tan negativo que tenía su comportamiento opresivo sobre su esposa e hijos. Steve creía que su manera de tratarlos era para beneficio de la familia. Su intención era buena. El método que utilizaba no lo era. En su esfuerzo por ser un buen esposo y padre, se volvió abusivo con su esposa y sus hijos criticándolos negativamente y demandándoles perfección. Pasó por alto sus necesidades y como ellos se sentían.

Cuando la sesión terminó, Steve había reflexionado sobre su comportamiento y el efecto que tenía sobre su esposa e hijos. Se dio cuenta de la gran oportunidad y responsabilidad que había tomado al convertirse en padre, el líder de cuatro maravillosos hijos y respetado Maestro espiritual en su comunidad. Ahora, era tiempo de que Steve *se convirtiera en un verdadero líder; de que Steve escuchara las necesidades de los demás, no de sermonear o reprender. Era tiempo para vivir y enseñar a otros con su ejemplo, no con libros o teorías. Era tiempo de que Steve confiara en su sabiduría interior y ser un auténtico líder.*

Cuando volví a ver a Sara, ella estaba muy feliz. Con una gran sonrisa en su rostro dijo, "Es como magia". Su vida y familia habían dado un giro por completo. De nuevo tenía en casa un *Príncipe* fuerte y amoroso. El hombre del cual un día se enamoró.

Reflexiones

A lo largo del camino, cuando intimidada y amenazada fui
Por las fuerzas oscuras de mis pequeños ignorantes hermanos
Me detuve, me arrodillé, y... oré.
Pues cierto es, que si en un momento me sentí exhausta,
Nunca me rendí —y en mis lágrimas y dolor, nunca perdí la fe
Y así en fe, di gracias por lo que finalmente vi...
El Poder de la Transformación, — ¡El Poder del Amor!

Donde quiera que se encuentre el *depredador*, ella está ahí. Ella es la única que domina su abuso y lo pone en el lugar que le corresponde. Pues ella habla el lenguaje del Amor —El Poder de la Transformación.

Ve las Cosas Tal Como Son

La vida es como es. Las cosas son como son. No son como nos gustaría o deberían ser. Hemos aprendido a pensar que la vida y la gente son predecibles. Crecimos con la ilusión de tener completo control de nuestras vidas.

La realidad es que la vida es incierta y no podemos evitar los riesgos que hay en ella. Sólo podemos reducir el nivel de riesgo. La realidad es que la gente hará lo que desea hacer, no lo que esperamos que hagan. No podemos controlar a los demás. Sólo podemos persuadirlos en nuestra dirección. No importa si esto está bien o no. Así es como es. Podemos reconocer la realidad ahora y utilizarla para nuestro beneficio, o podemos negar la realidad y lidiar con las consecuencias después.

Si elegimos negar esta realidad ignorando los hechos de la vida, es como estar dentro de un globo artificial que tarde o temprano explotará. Esta falsa ilusión fabricada no solo es perjudicial para nosotros; sino también para los que están a nuestro alrededor. El poder de ver las cosas tal como son recae en el hecho de que entonces **sí** podemos hacer algo al respecto, basándonos en observaciones realistas, no nubladas por desear que las cosas fuesen como "deberían ser".

Cuando estamos dispuestos a admitir y ver las cosas tal y como son, podemos aceptar lo que vemos sin prejuicio. Dejamos de perder el tiempo y energía justificando, quejándonos o culpando a los demás. En vez de esto, nos situamos en un estado de paz y fortaleza interior el cual nos permite claramente ver la realidad, decidir nuestras prioridades, y hacer los cambios necesarios en nuestra vida. Como resultado, dejamos de enfocarnos en sentimientos negativos e improductivos como es el coraje, resentimiento o culpa.

Somos entonces libres para utilizar nuestra mente creativa y manifestar lo que realmente es importante en nuestra vida. **Somos libres para ver.**

El Perdón

Mucho se ha hablado del perdón, pero no es fácil perdonar. Las heridas duelen y el dolor es real. Es posible que existan muchas razones que justifiquen el estar enojados o resentidos, pero estos sentimientos no ayuda. Necesitamos encontrar razones para seguir adelante. Es importante darnos cuenta de cómo nos afecta el sentir coraje y el resentir. ¿Qué estamos obteniendo de ello? ¿Cómo esto nos priva de vivir? Si queremos ser felices y ser lo mejor que podemos ser, necesitamos dejar ir nuestros recuerdos negativos. Debemos tener fe en nosotros y perdonar a los demás. Si no lo hacemos, nuestras heridas mantendrán la oscura sombra del dolor y resentimiento en nosotros. Esto nos privaría de atrevernos a vivir la vida que merecemos —la vida que deberíamos vivir. Hay poder en el perdón. Perdona.

Tal vez te preguntarás, "Si perdono, ¿tendría que renunciar a mi historia en la cual soy la víctima?" "Si renuncio a mi historia, ¿entonces que me quedaría? Después de todo, soy una víctima". No hay duda de que has sido una víctima. De alguna manera, todos somos víctimas de nuestras circunstancias. Sin embargo, el prolongar el estado de ser la víctima estimula el círculo vicioso de odio, ira y resentimiento. No necesitamos estas trampas emocionales y sentimientos negativos.

Necesitamos amar y hacer lo que realmente es mejor para nosotros. Es tiempo de admitir que estas heridas nos han hecho más fuertes, y ahora necesitan ser sanadas. No es que lo que te haya sucedido esté bien. No es que haya sido correcto. Pero hay un tiempo en la vida en que necesitamos seguir adelante. Necesitamos superar y despojarnos de estos sentimientos negativos que empobrecen nuestra vida. Puede que no sea fácil. Sin embargo, mereces ser feliz.

Cuando elegimos no perdonar, es como usar lentes oscuros todos los días forzándonos a ver el mundo de esa manera oscura. Sólo tú y nadie más puede verlo así. Al no perdonar, es fácil sentirse sola y ofendida porque los demás no ven las cosas como tú lo ves. Te reúsas a vivir la vida manteniéndote atrapada en el pasado —la oscura prisión de odio y resentimiento que ensombrecen tu vida.

El perdón no es olvidar o ser débil. Por lo contrario, el perdón es la actitud de un individuo fuerte y saludable quien se rehúsa a involucrarse en batallas irrelevantes de coraje y resentimiento. En lugar de esto elige funcionar de una manera más amorosa y poderosa por medio del perdón.

No podemos cambiar el pasado pero ciertamente podemos cambiar la manera en que nos sentimos acerca de ello. Lo que hayamos hecho o que se nos haya hecho, es mejor perdonarlo. Debemos dejar ir. Tan doloroso como haya podido ser lo que sucedió, hemos aprendido de esta experiencia. No necesitamos cargar esta cruz o dolor para demostrar a otros nuestro sufrimiento. La cruz que ahora cargamos es la cruz de amor la cual es verdadera compasión y profundo entendimiento de las limitaciones intrínsecas de la naturaleza humana.

Sentir dolor o alegría en la vida es nuestra responsabilidad. Es nuestra decisión. Si elegimos seguir enfocándonos en las heridas del pasado, solamente volveremos a experimentar ese dolor. Este dolor continuará manteniéndonos en el pasado —atrapados de nuevo. Sobrevivir está en la naturaleza. Por medio del sufrimiento nos hacemos más fuertes. Sin embargo, las heridas son para curarse. No son para dejarse abiertas y cargar con ellas. Permite que sanen.

Ganamos el control de nuestra vida cuando perdonamos y elegimos enfocarnos en el presente. Nuestra mente es libre, nuestra intención es clara, y nuestra fe es fuerte. No tenemos duda, sólo el poderoso sentimiento de absoluta certeza. Este es el poder del amor.

El poder del amor se manifiesta cuando entiendes la naturaleza de tu oponente, sea hombre o mujer, lo cual te permite distanciarte y no reaccionar a su nivel primitivo e irracional. Por el contrario, decides perdonar porque entiendes su inhabilidad de funcionar en un nivel más alto de razonamiento. Está tristemente preso en su ignorancia.

Recuerda, la verdadera felicidad no tiene nada que ver con quimeras o satisfacciones superficiales. La verdadera felicidad es libertad —libertad de estar por encima de los condicionamientos de nuestra cultura; libertad que nos permite ser quien somos en realidad, y así poder dirigir y estar en control de nuestras vidas. La libertad para elegir y actuar de acuerdo a principios universales válidos; no personales o deseos ego-centristas.

Mi libertad para ver, para sentir, para pensar
Mi libertad para expresarme sin temor
Mi libertad para elegir y hacer lo que es correcto
Mi libertar para elevarme por encima de mis instintos básicos
Mi libertad para diseñar y vivir la vida que merezco.

¿Elegirás reclamar lo que te pertenece por el hecho de existir? ¿Elegirás hacer lo que es correcto? ¿Elegirás desenvolver tu verdadera esencia y ser realmente feliz?

Tenemos la capacidad de pensar y con ello, la capacidad de hacer diferencia en nuestra vida y en la de los demás. Este es nuestro derecho divino. Este derecho trae consigo un verdadero sentido de poder y responsabilidad personal.

Por consiguiente, debemos observar cuidadosamente nuestros pensamientos y expectativas. Cada vez que reaccionamos emocionalmente ante nuestro percibido *enemigo*, aumentamos nuestro miedo. No temas. El no tiene tu poder. Elige el poder del *amor*, y le robarás su poder. Si actualmente te encuentras en una situación de dependencia tú puedes cambiarla. Recuerda, el *opresor* sólo tiene el poder que tú le das. Donde hay voluntad, hay solución. La rueda ya se inventó. Muchos otros como tú, ya lo han logrado, y tú puedes hacerlo también. Pide ayuda, edúcate y prepárate. Hay tantas cosas esperando para ti. Lo único que necesitas es creer en ti.

Lo que requerimos para diseñar y dirigir nuestras vidas ya se nos ha dado. Debemos tener fe y confiar en nosotros mismos. Indudablemente tenemos lo que se necesita. Este es el lienzo de la creación en el cual participamos.

Negar nuestra verdadera esencia es perjudicial para nosotros. Podemos escondernos en nuestras múltiples ocupaciones argumentando que -no tenemos tiempo, estamos muy cansados- o tomando una actitud indiferente; pero no podemos escapar.

Así como hemos aprendido a tener miedo de lo desconocido, también hemos aprendido a no pensar por nosotros mismos y a seguir a los demás. Hemos aprendido a obedecer y no cuestionar, a asumir y no razonar. Imitamos falsos modelos de éxito para sentirnos seguros y lentamente perdemos nuestra propia identidad. Seguimos las corrientes y seguimos las masas. Consecuentemente, dejamos de tomar riesgos por temor a ser rechazados o criticados. Tristemente nos conformamos con menos en la vida.

Nuestro anhelo de regresar a nuestra fuente de verdadero poder es evidente. Estamos hechos para trascender, para ir más allá de nuestros instintos básicos y no temer. Hemos de superar las seductivas y bien justificadas tentaciones que se nos presenten en el camino. No importa si el *opresor* es un individuo, grupo o cultura, debemos tomar el control de nuestras creencias y valores. Debemos diseñar y vivir nuestra vida manteniendo nuestro compromiso con lo que realmente importa. Busca Trascender. No importa lo que pase, no te rindas, no claudiques. Rendirse no es alternativa para un alma valiente como la tuya.

Donde quiera que estés el *AMOR* esta. La muerte final de tus preconcebidas maneras de pensar y falsas expectativas es el renacimiento de tu alma. Esto te permitirá ver la realidad y sentir la fuerza del verdadero amor y el verdadero poder —la fuerza que te creó. El amor verdadero es una manera de funcionar, una forma de ser. Nos convertimos en fuerza creativa cuando decidimos responsablemente participar en ella. Dejamos de ser susceptibles a vivir una vida de pretensiones y temores —y así, nos volvemos UNO con la energía del Amor.

Cuando somos Uno con esta fuerza que nos creó, sentimos su pasión y energía positiva en nuestra existencia. Funcionamos y utilizamos el poder del *AMOR* cuando nuestras acciones y resultados dicen más que las palabras. Es aquí donde el sendero comienza, la vigorosa aventura eterna que hemos anhelado y profundamente deseado. Donde no hay perjudicados, sólo ganadores. No hay retorno. Sólo está el presente y un futuro prometedor. A medida que entramos en este estado de paz interior, nos sentimos plenos y completos. La vida entonces toma otro giro, un giro de alta velocidad con posibilidades ilimitadas las cuales nunca habíamos soñado, pero en el fondo siempre lo sabíamos.

El Punto de No Retorno

Una vez que puedas ver, no podrás volver atrás. No podrás continuar negando la realidad. El mito y los velos lentamente caerán, y entonces tú podrás ver. Tu corazón estará lleno de compasión que brinda el profundo entendimiento. Entonces te regocijarás en su presencia...Eres UNO.

Fuentes de Asistencia

Gobierno de California
Servicio Social y de Salud
www.ca.gov
Tel. 211-InfoLine

Servicios de Salud del Condado de San Diego
Consejería y Recursos para la Comunidad
WWW.211sandiego.org
Tel. 211

Programa de Asistencia para Víctimas
www.sdcda.org
Tel. (619) 531-4041

Sociedad de California para la Solución de la Violencia Domestica
www.caadv.org
Tel. (800) 524-4765

Para contactar al Autor: www.georginaramirez.com

www.ingramcontent.com/pod-product-compliance
Lightning Source LLC
LaVergne TN
LVHW051843080426
835512LV00018B/3049